Stephan Zopfi

BEWEGTE SCHULE!

Spiele und Übungen für die 3./4. Klasse

Bewegung, Entspannung und Konzentration
in den Unterricht integrieren

9783403065975

Auer

Gedruckt auf umweltbewusst gefertigtem, chlorfrei gebleichtem
und alterungsbeständigem Papier.

3. Auflage 2017
Nach den seit 2006 amtlich gültigen Regelungen der Rechtschreibung

Illustrationen: Domo Löw
Satz: krauß-verlagsservice, Augsburg
Druck und Bindung: Esser printSolutions GmbH
ISBN 978-3-403-**06597**-5

www.auer-verlag.de

Inhaltsverzeichnis

Vorwort

Viele Lehrerinnen und Lehrer merken, dass sich im Bereich des Unterrichtens etwas ändern muss. Sie und Ihre Kinder sind wachsenden Belastungen in der Schule ausgesetzt. Kinder und Jugendliche mit Lern- und Gesundheitsproblemen wie ADS/ADHS, LRS, Dyskalkulie, Adipositas, Diabetes, Haltungsschäden usw. fordern Lehrpersonen vermehrt. Sie möchten wieder mehr Spaß am Unterrichten erhalten, dadurch Ihren Schülerinnen und Schülern mehr Lernfreude ermöglichen und somit den Lernerfolg der Kinder steigern? In vielen Situationen reicht das in der Ausbildung Gelernte nicht mehr aus, um sich der veränderten Wirklichkeit in der Schule erfolgreich stellen zu können. Bewegtes Lernen stellt einen leicht zu realisierenden und vielversprechenden Ansatz dar, um der beschriebenen Problematik erfolgreich begegnen zu können. Es handelt sich um ein Lernen mit allen Sinnen.

Rhythmisierung durch Bewegung

Bewegung galt früher als so normal, dass sie in der Gesellschaft und somit auch in der Schule schlicht kein Thema war. Die Erkenntnisse der Gehirnforschung, die in den letzten Jahren große Fortschritte erzielte, haben die Bedeutung von Bewegung im gesamten Lernprozess in ein völlig neues Licht gerückt. In meiner knapp zwanzig Jahre dauernden Tätigkeit als Dozent für allgemeine Didaktik in der Lehrerinnen- und Lehrerbildung habe ich hunderte von Schulstunden in sämtlichen Fächern der Grundschule mit einer gewissen Distanz beobachten können. Trotz vieler Hinweise und eigenem Vorleben wurde der bewegte Unterricht nur zögerlich umgesetzt. Praktisch überall, wo die Studentinnen und Studenten es aber konsequent versuchten, war ihnen Erfolg beschieden. Konzentriertere Schülerinnen und Schüler, bessere Rhythmisierung des Unterrichts und damit mehr Lernerfolg bei den Kindern waren in diesen Fällen sehr oft das Ergebnis.

Das Lernen positiv beeinflussen

Das Interesse der Lehrpersonen am Thema ist sehr groß, was sich in vielen Anfragen für entsprechende Input-Veranstaltungen zeigt. Immer wieder verhindern Ängste und Vorurteile dann aber die nachhaltige Umsetzung. Bewegung produziere Unruhe, der Stoffdruck sei zu hoch, Eltern wollten das nicht, die Disziplin leide und Lerninhalte würden vernachlässigt wird u. a. moniert. Die angewandte Forschung zeigt, dass Vorbehalte dieser Art jeglicher Grundlage im Zusammenhang mit Bewegtem Lernen entbehren. Treten Probleme in diesen Bereichen auf, so liegt ihnen fast immer ein anderer Umstand zugrunde. Zudem verdichten sich die Hinweise immer mehr, dass körperliche Aktivität das Lernen und die Hirnleistungsfähigkeit positiv beeinflusst. Aber nicht nur Bewegung gehört zu einem gut rhythmisierten Unterricht, auch ruhige Spiele zur Konzentrationsförderung und Entspannung können je nach Unterrichtssituation angebracht sein. Der vorliegende Band beinhaltet deshalb Spielformen, die sowohl der anregenden Bewegung als auch der beruhigenden Entspannung gerecht werden.

Theorie und Praxis

Damit ist nicht gesagt, dass Bewegtes Lernen der Schlüssel für die Lösung sämtlicher Schulprobleme ist. Bei der Berücksichtigung der aufgeführten Tipps lässt sich aber zumindest ein Versuch starten; der Umsetzung der von Studierenden der Pädagogischen Hochschule Zentralschweiz Luzern recherchierten und entwickelten Spielformen steht nichts im Wege.

Ich danke der Schulleitung der Pädagogischen Hochschule Zentralschweiz Luzern, besonders Prof. Dr. Michael Fuchs, Leiter des Studienganges Primarstufe, für die Unterstützung, meinem Kollegen Rainer Held (Dozent für Musiklehre) sowie meiner Kollegin Pia Leupi (Dozentin für Rhythmik) für Ihre Mitarbeit im entsprechenden Ausbildungsmodul und den Studierenden der PHZ Luzern für das Zusammentragen der vielen praktischen Ideen.

Ich wünsche Ihnen viel Freude beim Bewegten Lehren und Lernen!

Stephan Zopfi

Der Erfahrungsraum von Kindern und Jugendlichen

Der Großteil der Bevölkerung lebt heute in Verdichtungs- und Wohnzonen. Spielräume für Kinder werden durch Verkehrsflächen und Hochbauten immer enger. Stattdessen stellt sich die Situation folgendermaßen dar:

- Bewegungshemmende Architektur: Spielplätze, die von Wohneinheiten zu weit entfernt liegen, als dass kleinere Kinder ohne elterliche Begleitung spielen gehen können.
- Enge Wohnungen, geteerte Plätze, Standard-Spielplätze, wenig Grünflächen; Kindergärten mit geteertem Außenspielraum.
- Wohnlage in höheren Stockwerken, zu schwere oder ständig geschlossene Eingangstüren, zu hoch angebrachte Klingeln.
- Gefahr durch Straßenverkehr; damit verbunden eingeschränkte Möglichkeit, Kinder Wege alleine bewältigen zu lassen und draußen spielen zu lassen – auch in Dörfern.
- Die Straße als Ort zum Spielen ist vom Aussterben bedroht.
- Verbote für Kinder und Jugendliche, bei Schulhausbetrieb und abends auf öffentlichen Plätzen (Schulhausplätze, Sportanlagen) Sport zu treiben.
- Verbote für Kinder, Rasenflächen zu betreten und dort zu spielen
- Mangelnde Infrastruktur zur Bewegungsförderung wie nicht ausreichend vorhandene Schwimmhallen, öffentliche Fußballplätze etc.

Erfahrungsräume fehlen

Kinder und Jugendliche finden fast ausschließlich eigens geplante und gestaltete Innen- und Außenräume für vorstrukturierte und genormte Betätigungsmöglichkeiten. Die aktiven Teilnahmemöglichkeiten gehen zurück. Das bedeutet einerseits eine Entlastung von zu früher Beanspruchung, andererseits fehlt die stärkende Erfahrung des eigenen Könnens und Gebrauchtwerdens. Es fehlen auch immer mehr die für eine gesunde Entwicklung unabdingbaren verschiedenen verarbeitbaren Sinneseindrücke.

Elektronische Geräte ersetzen die Eigenaktivität

Als Ersatz für die fehlenden Bewegungsflächen beschäftigen sich Kinder immer mehr mit digitalem Spielzeug. Dessen Verfügbarkeit und die von technischen, vor allem elektronischen Unterhaltungsgeräten verschiedenster Art ist für viele Kinder und Jugendliche unwahrscheinlich groß geworden. Verstärkt ziehen sich Kinder in die Wohnungen und Kinderzimmer zurück und beschäftigen sich mit vorstrukturiertem, industriell gefertigtem Spielzeug oder verbringen ihre Zeit mit Fernseher, Computer und verschiedenen Audiogeräten. Die Medienwelt ist in einem früher unvorstellbaren Maß allgegenwärtig. Der damit verbundene Ersatz direkter Welterfahrung durch medial vermittelte Bilder und Botschaften ist in seinen Auswirkungen noch kaum abzuschätzen. Gleichzeitig kann nicht übersehen werden, dass sich Kindern und Jugendlichen dadurch neue und interessante Informations-, Lern- und Unterhaltungsmöglichkeiten eröffnen. Allerdings sind dabei zu oft nur einsinnige und vor allem bewegungsarme Erfahrungen möglich.

Freizeit ist verplant

Kinder und Jugendliche können aus einem großen Freizeitangebot auswählen: Sportclubs, Musikschulen, Jugendgruppen, Theater, Tanzschulen und andere Einrichtungen und Organisationen bieten ein dichtes Netz von Möglichkeiten für Kinder und Jugendliche, ihre individuellen Vorlieben, Fähigkeiten und Begabungen zu entfalten und zugleich auch Sozialerfahrungen zu machen. Dies kann gemeinschaftsbildend wirken und zur Identitätsfindung beitragen. Eine unreflektierte Inanspruchnahme dieser verschiedenen Angebote birgt jedoch auch die Gefahr von zeitlicher und leistungsmäßiger Überbeanspruchung. Zeitknappheit und Stresssituationen sind für Kinder und Jugendliche deshalb zunehmend Alltagswirklichkeiten.

Grundlagen des Lernens

Analysiert man die Alltagswirklichkeiten, so stellt man fest, dass die Mehrzahl der Kinder und Jugendlichen gar keine Gelegenheit erhält, vielfältige Sinneseindrücke aufzunehmen und zu verarbeiten. Aus Sicht des schulischen Lernprozesses ist aber gerade dieser Komponente große Aufmerksamkeit zu schenken.

Bewegung ist wichtig

Bewegung steigert die Durchblutung des Gehirns und somit der Versorgung der Nervenzellen mit Sauerstoff. Körperliche Betätigung beeinflusst außerdem die Stimmung positiv und fördert kognitive Leistungen – Lernen ohne Bewegung ist kaum denkbar.
„Neben direkten Einflüssen von Bewegung und Sport auf die Struktur des Gehirns, auf kognitive Prozesse und auf die Gehirndurchblutung kann körperliche Aktivität auch Bedeutung haben für Aspekte, die das Lernverhalten beeinflussen. Verschiedene Studien und Projekte weisen auf den Zusammenhang zwischen Bewegung und Motivation, Selbstachtung und Konzentration und deren Einfluss auf die Hirnleistungsfähigkeit hin.“ (Pühse/Müller 2005) Wenn Bewegung die Gehirndurchblutung, die Bildung von Synapsen und Neurotransmittern begünstigt, dann kann wohl mit Recht behauptet werden, dass ein Mangel an Bewegung das Gegenteil bewirkt und dadurch die Lernleistung negativ beeinflusst wird. Kopfschmerzen, Rückenschmerzen, Konzentrationsschwierigkeiten und weitere teilweise psychosomatische Beschwerdebilder können durch Bewegungsmangel hervorgerufen werden und schränken die Lernleistung ein.

Sinneswahrnehmungen beeinflussen das Lernen

Sucht man nach Gründen für Lern- und Verhaltensschwierigkeiten bei Kindern, so fällt in solchen Situationen auf, dass die Fähigkeit, Sinneseindrücke angemessen wahrzunehmen, zu ordnen und zu verarbeiten, oft mangelhaft entwickelt ist. Lesen und Schreiben sind komplexe Handlungsabläufe; um diese richtig ausführen zu können, sind das richtige Verarbeiten und Verbinden der Sinneswahrnehmungen erforderlich. (Beigel 2005)

Wahrnehmen und Bewegen sind Voraussetzung und Grundlage für alle Kompetenzbereiche und bedingen sich gegenseitig. Sensorische Erfahrungen sind nur dann nachhaltig wirksam, wenn die Schülerinnen und Schüler diese selbst aktiv handelnd, am besten in Bewegung, vollziehen können. Durch Tätigkeiten wie Bälle auf den Boden prellen, mit der Körperhaltung auf einer Schaukel experimentieren oder über ein Hindernis springen üben Kinder ihre Wahrnehmungs- und Reaktionsfähigkeit. Sie lernen die Eigenschaften von Dingen und ihres Körpers kennen, sich auf unterschiedliche Gegebenheiten einzustellen. Kinder lernen z. B. beim Fangenspielen, sich im Raum zu orientieren. Immer wieder wechseln bei diesen Spielen der eigene Standort, jener der Fängerin oder des Fängers und die eigene Perspektive. In Bewegung lernen die Kinder die Dimensionen eines Raumes kennen. „Solche Raumerfahrungen bilden die Basis für spätere abstrakte Raumvorstellungen, wie sie zum Beispiel beim Rechnenlernen notwendig sind.“ (Zimmer 2006)

Die visuelle Sinneswahrnehmung

Rund 80 % der Nervensignale werden durch visuelle Reize ausgelöst. Der visuelle Wahrnehmungsbereich des Menschen ist täglich völlig überlastet. Die visuelle Reizfülle stellt ein Problem dar, denn immer mehr Kinder und Jugendliche haben Schwierigkeiten „richtig“ zu sehen. Oft gibt es keinen medizinischen Befund; die Frage, weshalb Kinder Buchstaben verwechseln, Ziffern nicht richtig erkennen, „auswendig“ lesen und eine unleserliche Schrift haben, bleibt offen. Genaues Beobachten (z. B. in der Natur, verbunden mit Bewegung) und das Festhalten und Beschreiben dieser Beobachtungen sind eine gute Schulung für bewusstes, visuelles Wahrnehmen.

Die auditive Sinneswahrnehmung

Zuhören können setzt eine intakte Hörwahrnehmung voraus. Viele Kinder können heute schlecht zuhören, der auditive Wahrnehmungsbereich ist beeinträchtigt. Dies ist eine der Ursachen für Klagen vieler Lehrpersonen über schlechte Sprachleistungen und Schwierigkeiten beim Schriftspracherwerb. Gezielt eingesetzte Reize auf das auditive Wahrnehmungssystem regen dieses an und ermöglichen dem Kind eine entsprechende Entwicklung.

Die taktile Sinneswahrnehmung

Die Haut ist das flächenmäßig größte Sinnessystem des Menschen. Sie wird während der Entwicklung im Mutterleib gemeinsam mit dem Nervensystem aus der gleichen Gewebeschicht gebildet. Haut und Nervensystem haben also den gleichen Ursprung. Kinder machen durch Handeln und Bewegen notwendige taktile Erfahrungen in Partner- und Gruppensituationen und unterstützen so die Entwicklung des Gehirns. (Beigel 2005) Für einzelne Kinder wird körperliche Nähe allerdings zur Belastung. Neben einem anderen Kind zu sitzen, ihm die Hand zu geben, kann ein Problem darstellen. Im Gegensatz zu diesen taktil überempfindlichen Schülerinnen und Schülern erleben Lehrpersonen auch taktil unterempfindliche Kinder. Sie erscheinen in ihrem Verhalten gegenüber anderen eher brutal, weil sie zu fest zugreifen, Wunden ignorieren und teilweise distanzlos erscheinen. Die Tendenz, taktile Sinneswahrnehmungen zu vernachlässigen, sollte in der Schule korrigiert werden. Je vielfältiger das handlungsorientierte Angebot ist, umso intensiver wird die Reizverarbeitung unterstützt. Bewegung bietet sich dafür geradezu an.

Sinneswahrnehmung mit dem Vestibularsystem

Das Gleichgewicht ist für uns Menschen von entscheidender Bedeutung. Die Lage im Raum definieren zu können, die aufrechte Körperhaltung sichern zu können und das Einstellen auf Drehungen, Richtungsveränderungen und Beschleunigungen ist lebensnotwendig. Beigel (2005) hält fest, dass Schülerinnen und Schüler mit Schwierigkeiten im vestibularen Wahrnehmen häufig nicht still sitzen oder stehen können, motorisch unruhig und zerstreut erscheinen. Vermeidungsstrategien (verweigern oder herumalbern) sind ebenso häufig zu beobachten wie Konzentrationsschwierigkeiten, leichte Ablenkbarkeit und häufige Flüchtigkeitsfehler. Angebote (Reize) für die Stimulierung des Vestibularsystems mittels täglicher Bewegung im Unterricht bieten den Kindern und Jugendlichen die Chance, ihre Konzentrationsfähigkeit zu steigern und besser arbeiten zu können, die Chance für einen erfolgreicheren Lernprozess also.

Die propriozeptive Sinneswahrnehmung

Unter Propriozeption versteht man die Eigenwahrnehmung des Körpers. Sensorische Informationen aus Muskeln, Sehnen und Gelenken ermöglichen eine gezielte Bewegungsausführung. Daraus entwickelt sich ein differenziertes Bild des eigenen Körpers und der Beziehung zwischen Körper und Raum. Kinder mit einer ungenügenden propriozeptiven Sinneswahrnehmung fallen häufig durch ungeschicktes und tollpatschiges Verhalten auf. Soziale Missverständnisse sind so vorprogrammiert. Bei Kindern und Jugendlichen mit einer zu starken oder zu schwachen Muskelspannung können die von den Sensoren ausgehenden Reize nicht oder nur ungenügend erkannt und verarbeitet werden. Das einzige Mittel, um diesem Umstand zu begegnen und ihn allenfalls zu korrigieren, ist Bewegung. Die differenzierte Wahrnehmung des Körpers ist eine wesentliche Erleichterung für den Schreiblernprozess, das Erlernen des Lesens und Rechnens.

Kinder brauchen Bewegung!

„Täglich ausreichend Bewegung ist von essentieller Bedeutung für Lernen und Entwicklung im Kindesalter. Wenn sich beim Lernen Phasen der Spannung und Entspannung sowie der Geistestätigkeit und der körperlichen Bewegung abwechseln, so werden Lernprozesse unterstützt." (Hessisches Sozialministerium, Hessisches Kultusministerium, 2005: Entwurf Bildungs- und Erziehungsplan für Kinder von 0 bis 10 Jahren in Hessen).
Bewegungseinschränkende Maßnahmen – von der politischen Ebene bis ins Klassenzimmer – missachten in sträflicher Art und Weise die aktuellen Forschungsresultate. Eine Rhythmisierung des Unterrichts durch Bewegungspausen führt zu einer Verringerung der motorischen Unruhe und zu einem besseren Lernverhalten der Kinder. Diese Unterbrechungen tragen auch zur Motivation und Entlastung der Lehrpersonen bei.

Die Gesundheitssituation

Die Gesundheitssituation eines (wachsenden) Teils der Schülerinnen und Schüler ist desolat. Übergewicht und Adipositas (Fettleibigkeit) sind hauptsächlich mit erhöhtem Medien-Konsum (TV, Computer) und schlechterer Fitness sowie mit niedrigem Bildungsniveau der Eltern verbunden. Die Zahl der adipösen Kinder und Jugendlichen steigt rasant. Bereits 1997 erklärte die Weltgesundheitsorganisation (WHO) Adipositas zur globalen Epidemie und damit zu einem ernst zu nehmenden Problem der öffentlichen Gesundheit. Neben der teilweise ungesunden Ernährung (vor allem Fast Food und Softdrinks) stellt vor allem die mangelnde Bewegung einen wesentlichen Teil des Problems dar.

In der Schule sitzen?
Lange Sitzphasen in der Schule verhindern die aus den aufgeführten Gründen so wichtige Bewegung. Die Belastung der Bandscheiben in der Lendenwirbelsäule ist im Sitzen um 40 % höher als im Stehen. Da Bandscheiben nicht über Blutbahnen verfügen und nur durch Diffusion mit Nährstoffen versorgt werden können, ist zumindest dynamisches Sitzen zu gewährleisten. Noch besser sind bewegte Unterbrechungen der Sitzphasen.

Osteoporose im Vormarsch
Osteoporose, der Mangel an Knochendichte, ist stark im Zunehmen begriffen. Laut der Weltgesundheitsorganisation (WHO) zählt Osteoporose mittlerweile zu den zehn häufigsten Erkrankungen überhaupt und wird von ihr als eines der wichtigsten Gesundheitsprobleme eingestuft. Das Maximum der Knochendichte wird nach der Pubertät erreicht. Die Knochendichte wird in erster Linie durch das Wechselspiel von Be- und Entlastung des Bewegungsapparates, also durch regelmäßige Bewegung, aufgebaut. Wer sich in jungen Jahren nicht ausreichend bewegt, wird am Ende der Pubertät eine geringere Knochendichte aufweisen und so einer erhöhten Osteoporosegefahr ausgesetzt sein. Deshalb gehören neben einem Bewegten Unterricht auf jeden Schulhof Hüpfspiele, Springseile und weitere zu aktivem Bewegen anregende Spielgeräte.

Unfallprophylaxe durch Bewegung
Regelmäßige Bewegung beugt auch Unfällen vor. Kinder und Jugendliche sind weniger unfallgefährdet, wenn sie sich regelmäßig bewegen. Wenn im Kindergarten und in der Schule bewegt gelernt wird, so ist die Chance groß, dass die Kinder im Bereich der Bewegungskoordination Fähigkeiten entwickeln, die sie in weniger unfallträchtige Situationen geraten lassen bzw. eine adäquate Reaktion in solchen Situationen ermöglichen.

Ganzheitliche Entwicklung
Bewegung ist ein Grundbedürfnis des Menschen und leistet einen wichtigen Beitrag zur Gesundheit. Die von regelmäßiger Bewegung ausgehenden Entwicklungsreize für die Reifung sämtlicher Elemente des menschlichen Organismus (Knochen, Muskeln, Nervensystem, Herz-Kreislaufsystem, Stoffwechsel, das Immunsystem usw.) sind elementar. Bewegung steigert auch das Selbstwertgefühl von Kindern und Jugendlichen und wirkt somit präventiv auf die Gewaltproblematik. Wer also auf eine ganzheitliche Entwicklung der Kinder und Jugendlichen Wert legt und auch das schulische Lernen nachhaltig fördern will, kommt um den gezielten Einsatz der Bewegung als Unterrichtsmittel nicht herum. Dies kann nicht ausschließlich im Bewegungs- und Sportunterricht geschehen. Ein praktisches Mittel für die Lehrperson, das ohne Risiko, dafür mit einer hohen Erfolgsgarantie eingesetzt werden kann, sind kindgerecht gestaltete Bewegungspausen: Spielformen, die sowohl Bewegung als auch sinnesfördernde Aktivitäten in den Unterricht bringen.

Tipps für Einsteigerinnen und Einsteiger

Je länger Schülerinnen und Schüler im Unterricht sitzend arbeiten müssen, desto öfter signalisieren sie uns das Bedürfnis nach Wahrnehmungs- und Bewegungsreizen, indem sie herumrutschen, sich strecken, mit dem Stuhl schaukeln und dadurch, dass sie den Unterricht stören. Lehrerinnen und Lehrer erkennen zwar diese Zeichen, zögern aber trotzdem häufig, mit verändertem Unterricht darauf zu reagieren. Bei den immer schwieriger werdenden Unterrichtsbedingungen wagen es viele Lehrkräfte nicht, einen Bewegten Unterricht zu realisieren. Die nachfolgenden Tipps sollen helfen, es wenigstens zu versuchen.

Konsequentes Einhalten von Regeln und Strukturen

Für alle Schülerinnen und Schüler sind klare Abmachungen und Regeln wichtig. Sie sollen Strukturen (Rituale, räumliche, zeitliche und inhaltliche Aspekte) erfahren, die ihnen eine gewisse Sicherheit geben. Dies gilt ganz besonders für Bewegungsanlässe im Unterricht. Das konsequente Umsetzen von besprochenen und gemeinsam vereinbarten Regeln und abgemachten Strukturen ist die Basis für das erfolgreiche Anwenden von Bewegtem Lernen. Es ist sinnvoll, das Nichteinhalten von Regeln mit vereinbarten Konsequenzen zu ahnden. Regeln gestatten dem einzelnen Kind mehr Freiheit. Auch die Ordnung im Klassenzimmer und am Arbeitsplatz der Schülerinnen und Schüler ist eine dieser wichtigen Regeln.
Die genannten Aspekte verhelfen allen am Unterricht Beteiligten zu mehr Sicherheit, Verlässlichkeit und Vorhersehbarkeit. Wenn diese Punkte nicht konsequent eingehalten werden, ist das Umsetzen von Bewegtem Lernen mit Risiken verbunden. Die Bausteine des Lernens bestehen aus Bewegung, Entspannung, Freude, Humor, Interesse, Motivation, Aufmerksamkeit, Energie, Regelmäßigkeit und Wiederholung. Bauen wir aus diesen Bausteinen die Schule, das Haus des (Bewegten) Lernens.

Konzentrationsfähigkeit beachten

Neben der Unterrichtsgestaltung, dem Verhalten der Lehrperson und diversen organisatorischen Maßnahmen gilt es vor allem die Konzentrationsspannweite von Kindern und Jugendlichen in der Schule zu beachten. Nach Aregger (1994) können sich Kinder im Kindergarten und der Grundschule ca. 15 Minuten ohne Pause auf eine Begebenheit konzentrieren. Kinder zwischen sieben und zehn Jahren ca. 20 Minuten, Zehn- bis Zwölfjährige schaffen es 25 Minuten und Jugendliche ab 14 Jahren ca. 30 Minuten. Die in diesem Band enthaltenen Spiele können dazu dienen, den Unterricht in entsprechend lernrelevante Phasen zu unterteilen. Zudem kann Unterricht grundsätzlich in unterschiedlichen Körperhaltungen stattfinden.

Lernen am Modell

Lernen ist nicht ohne Emotionen möglich! Lernprozesse vollziehen sich am Nachhaltigsten im Zusammenspiel mit zwischenmenschlichen Beziehungen. Lehrpersonen müssen Vorbilder sein, Lob und Anerkennung aussprechen und immer wieder neuen Kontakt herstellen mit ihren Schülerinnen und Schülern. Auch wenn Lehrende und Lernende zusammenkommen und nicht miteinander sprechen, kommunizieren sie miteinander, denn Körper sind niemals stumm. Deshalb ist es so wichtig, dass sich Lehrpersonen auch bewegen und sich am Bewegten Unterricht zusammen mit ihren Schülerinnen und Schülern beteiligen.

Für Schulanliegen aktiv werden

Die Faust darf nicht mehr nur im Sack geballt werden, sondern Lehrpersonen sollen damit zwischendurch auf den Tisch schlagen. Vor allem wenn es darum geht, sich bei Schulhausrenovationen und -neubauten für die Anliegen einer Bewegten Schule stark zu machen. Lehrpersonen müssen verstärkt ihren Einfluss auch bei der Gestaltung der gesamten Schulanlage geltend machen und über die Zusammenhänge von Bewegung, Haltung und Lernen informieren, zum Beispiel bei Eltern, Hauswart und Schulbehörden.

Handfeste Anregungen zum Einstieg ins Bewegte Lernen

Die vielen Forschungsergebnisse müssen von Lehrpersonen in der Praxis umgesetzt werden, sonst bleiben sie Schubladenhüter. Um die Bewegung im täglichen Unterricht regelmäßig und bewusst zu integrieren, können folgende Hinweise dienlich sein:

- Mit wenigen Interventionen beginnen. Schalten Sie Bewegungspausen ein.
- Musikalische und rhythmische Elemente unterstützen vor allem bei jüngeren Kindern die Bewegung optimal.
- Probieren Sie in einem Fach zwei bis drei bewegte Lernformen aus und wiederholen Sie diese, bevor Sie Ihr Repertoire erweitern.
- Ordnen Sie an, dass Aufgaben bei Bedarf auch in einer unkonventionellen Position zu erledigen sind. Lassen Sie die Schülerinnen und Schüler zuerst andere Sitzpositionen (Stuhl drehen) einnehmen, dann aus einem Angebot an weiteren Positionen auswählen und gewähren Sie ihnen mehr und mehr Freiheiten, in welcher Position sie z. B. zuhören wollen.
- In alten Klöstern gibt es Kreuzgänge, in Parlamentsgebäuden und Universitäten Wandelhallen. Lesen und diskutieren kann man auch im Gehen oder Stehen (auf dem Schulhof oder im Gang des Schulhauses).
- Lassen Sie Blätter holen, verteilen Sie weniger.
- Lassen Sie die Schülerinnen und Schüler sich jeden Tag bewegen (Regelmäßigkeit).
- Erweitern Sie das Bewegungsangebot erst allmählich, wenn Sie sicher sind, dass die Schülerinnen und Schüler mit der neuen Situation auch umgehen können.
- Binden Sie Schülerinnen und Schüler bei der Entwicklung von neuen Ideen bezüglich Bewegung im Unterricht mit ein, lernen Sie mit. Übergeben Sie die Rolle des Spielleiters auch den Schülerinnen und Schülern.
- Achten Sie darauf, dass Ihre Angebote altersgemäß ausgestaltet sind. Jüngere Schülerinnen und Schüler gehen auf im Spiel, ältere sind für Erklärungen über Sinn und Zweck motorischer Bewegung empfänglich.
- Achten Sie bei allen Maßnahmen darauf, dass vereinbarte Regeln konsequent eingehalten werden!
- Erteilen Sie bewegte Hausaufgaben (auch in Sport sind Hausaufgaben möglich!).
- Richten Sie einen „Teppichbereich" im Schulzimmer ein, wo die Kinder auf dem Boden arbeiten können.
- Machen Sie Kinder und Eltern auf außerunterrichtliche Bewegungsangebote aufmerksam.

Literaturverzeichnis

- Aregger, K. (1994) Didaktische Prinzipien. Verlag Sauerländer, Aarau.
- Ayres, J. (1998) Bausteine kindlicher Entwicklung. Springer Verlag, Berlin.
- Baumberger, J. / Müller, U. (2004) Bewegungspausen. bmsportverlag.ch, Horgen.
- Beigel, D. (2005) Beweg dich, Schule! Eine Prise Bewegung im täglichen Unterricht der Klassen 1 bis 10. Borgmann Media, Dortmund.
- Breithecker, D. (2002) Bewegte Schüler – Bewegte Köpfe. Unterricht in Bewegung. Chance einer Förderung der Lern- und Leistungsfähigkeit. Bundesarbeitsgemeinschaft für Haltungs- und Bewegungsförderung e. V. Wiesbaden.
- Bucher, W. (Hrsg.) (2000) Bewegtes Lernen. Band 1–3. Hofmann-Verlag, Schorndorf.
- Eckert, R. (1988) Psychomotorische Förderung sprachentwicklungsgestörter Kinder: Die Förderung von Entwicklung und Kommunikation. Bewegung und Sprache. Irmischer, T. I., Irmischer, Hofmann, Schorndorf.
- Etnier, J. et al. (1997) A Meta-Analysis. The Influence of physical activity and exercise upon cognitive functions. Journal of Sport and Exercise Psychology 1997.
- Jörin R. und Schluep Campo I. (Nov. 2005) Maßnahmen gegen Übergewicht in verschiedenen Ländern: Literaturstudie zur Wirksamkeit staatlicher Interventionen. Institut für Agrarwirtschaft (IAW), Sonneggstrasse 33, 8092 Zürich.
- Hessisches Sozialministerium, Hessisches Kultusministerium (2005) Entwurf Bildungs- und Erziehungsplan für Kinder von 0 bis 10 Jahren in Hessen. http://www.sozialministerium.hessen.de/global/show_document.asp?id=aaaaaaaaaaaayus (9.10.05).
- Hollmann, W. / Löllgen, H. (2003) Bedeutung körperlicher Aktivität für kardiale und zerebrale Funktionen. Deutsches Ärzteblatt 99 (20).
- Hollmann, W. / Strüder, H. K. (1996) Exercise, Physical Activity, Nutrition and the Brain. Nutrition Reviews 54 (4).
- Kottmann, L.; Küpper, D.; Pack, R. P. (2005) Bewegungsfreudige Schule. Schulentwicklung bewegt gestalten – Grundlagen, Anregungen, Hilfen. Bertelsmann Stiftung, Barmer und Gemeindeunfallversicherungsverband (GUVV), Westfalen-Lippe.
- Osteoswiss (2005) Osteoporose geht uns alle an. http://www.osteoswiss.ch/pdf/osteo_1d.pdf (5.10.07).
- Pühse, U. / Müller, C. (2005) Bewegung und Lernen, Bewegung und Hirnleistungsfähigkeit (Bericht über den Stand wissenschaftlicher Erkenntnisse und deren Bedeutung für die tägliche Bewegungsstunde von Kindern). Institut für Sport und Sportwissenschaften Universität Basel.
- Reinhardt B., Höfling S. (1992) Rückenschule für Kinder – eine Lobby für den Schülerrücken. In Haltung und Bewegung 2, S. 49–53.
- Swiss Society for public health (2007) Ernährungsziele Schweiz – Eine Dokumentation der Fachgruppe Ernährung von Public Health Schweiz. http://www.sapsplus.ch/Ern%E4hrungsziele%20Schweiz_Version%20M%E4rz%202007.pdf (2.10.07).
- Universitätsklinikum Heidelberg: http://www.klinikum.uniheidelberg.de (10.1.06).
- Zahner L., Pühse U., Stüssi C., Schmid J., Dössegger A. (2004) Aktive Kindheit – gesund durchs Leben. Bundesamt für Sport Magglingen (BASPO); ISSW Universität Basel; Stiftung für Schadenbekämpfung der Winterthur Versicherungen. www.aktive-kindheit.ch.
- Zimmer R. (2006) Eltern fördern ihre Kinder – Mach einfach mit Bewegungsförderung. Klett Lernen und Wissen GmbH, Stuttgart und Velber Verlag, Freiburg.
- Zimmermann M., Gübeli C., Püntener C, and Molinari L. (2004) Overweight and obesity in 6–12 year old children in Switzerland. Swiss Medical Weekly, 134: p. 525.

Zum Einsatz der Materialien

Die praktischen Übungen sind immer nach dem gleichen Muster aufgebaut. Sie sollen ohne lange Vorbereitung, situativ und ohne großen Aufwand eingesetzt werden können.

Die Aufgaben sind grundsätzlich **vier Bereichen** zugeordnet (jeweils in der Kopfzeile genannt), wobei die Grenzen fließend sind: Entspannung, Konzentration, Anregung und Geschicklichkeit.

Die **Sozialformen** werden ebenfalls in der Kopfzeile genannt: Einzelarbeit, Partnerarbeit, Gruppenarbeit, Ganze Klasse.

Die **Ziele** sind knapp formuliert und beziehen sich direkt auf die praktische Umsetzung.

Die Übungen können meistens in allen **Fächern** durchgeführt werden.

Unter dem Stichwort **Voraussetzung** werden hin und wieder räumliche oder inhaltliche Bedingungen genannt. Meistens geht es darum, im Klassenzimmer genügend Platz zu schaffen.

Die benötigte **Zeit** bewegt sich zwischen drei und zehn Minuten pro Übung.

Nur in wenigen Fällen wird spezielles **Material** benötigt; meistens kommen die Übungen ohne Hilfsmittel aus.

Unter dem Stichwort **Vorbereitung** ist aufgelistet, was vor Spielbeginn beachtet werden sollte.

Die konkrete **Durchführung** der Übungen erlaubt unterschiedliche Interpretationen. Die Leitung muss nicht in jedem Fall von der Lehrkraft übernommen werden; auch Schülerinnen und Schüler können je nach Aufgabe die Spielleitung übernehmen.

Unter dem Stichwort **Besonderes** werden meistens Varianten und weitere Ideen aufgelistet.

Zusätzliche **Tipps** weisen auf konkrete Umsetzungshilfen hin.

Die **Tabelle auf Seite 69** gibt einen Überblick über alle Übungen dieses Bandes. Vergrößert auf Format A3 eignet sie sich zum Aufhängen und zur raschen Orientierung im Moment des Einsatzes.

1 – Das ruhende Meer

Ganze Klasse

Ziel: Entspannung, Beruhigung, Nervosität abbauen, Kraft tanken

Fach: Alle Fächer

Voraussetzung: Genügend Platz

Zeit: 10 Minuten

Material: Keines

Vorbereitung: Im leicht abgedunkelten Raum sucht sich jedes Kind einen Platz, um zu ruhen, am besten liegend. Die Kinder schließen die Augen, während die Lehrperson leise, langsam und mit Pausen (…) erzählt.

Durchführung: *Es wird Abend am Meer. Stellt euch vor, ihr seid das Meer. Ihr seid die Wellen, die an den Strand plätschern … Die Luft ist warm und riecht nach Sommer. Ihr seid warm, denn die Sonne hat euch den ganzen Tag mit ihren warmen Strahlen gestreichelt … Achtet darauf, wie ihr atmet. Ihr atmet im Rhythmus eurer Wellen, aus und ein, hin und her, aus und ein, hin und her … Ihr atmet tief aus und ein, hin und her … Die Wellen fließen über den Strand. Sie streicheln die Steine am Strand. Sie streicheln die kleinen Muscheln, die sich leise mit hin- und herwiegen …*

Es wird langsam dunkel. Die Sonne ist untergegangen. Aber euch ist warm. In der warmen Nacht liegt das Meer ganz entspannt und wiegt sich hin und her … Ein kleiner Fisch im Meer ist eingeschlafen und wiegt sich ganz leise in den ruhigen Wellen des Meeres. Er fühlt sich wohlig und warm und träumt einen schönen Traum … Und im Rhythmus eures Atmens wiegt er sich ganz leise hin und her, hin und her, hin und her … Einzelne Wolken ziehen langsam über das warme Meer. Der Wind streichelt euch, er riecht nach Wärme, Sand, Salz und nach Seetang … So atmet das Meer im Rhythmus der warmen Nacht ein und aus, ein und aus … Der Mond scheint auf das Meer und sein Licht glitzert im Wasser. Das Licht ist warm und klar. Ein Seepferdchen schwebt durch das Wasser und pendelt leise hin und her, hin und her …

Ruhig und warm zieht die Nacht vorbei. Am Horizont wird es langsam heller. Ein leichter, warmer Wind kommt auf … Das Meer reckt sich langsam und streckt sich. Ihr reckt euch langsam und streckt euch ganz gemütlich … Der warme Wind streichelt euch dabei. Langsam geht die Sonne auf. Ihr öffnet langsam eure Augen … Da kitzelt euch ein Sonnenstrahl in der Nase und ihr seid wach.

Besonderes: Auf absolute Ruhe achten; kichernde Kinder darauf hinweisen, dass sie stören.

Tipp: Meeresrauschen (Geräusch-CD) abspielen lassen.

2 – Der große Regen

Ganze Klasse

Ziel:	Beruhigung, Entspannung sowie Förderung der Wahrnehmung
Fach:	Alle Fächer
Zeit:	5 Minuten
Material:	Kieselsteine oder Glasperlen
Vorbereitung:	Kieselsteine sammeln (Exkursion).
Durchführung:	Jedes Kind nimmt in jede Hand einen Kieselstein und hält die Steine zwischen Daumen und Zeigefinger. Die Kinder verteilen sich im Raum und schließen die Augen. Mit geschlossenen Augen warten die Kinder darauf, von der Spielleitung an der Schulter berührt zu werden. Die Person, die berührt wurde, beginnt nun, die Steine aneinanderzuschlagen. Die Geschwindigkeit darf selbst gewählt und auch variiert werden. Es soll nicht versucht werden, mit anderen in einen gemeinsamen Rhythmus zu kommen. Jedes Kind wählt einen individuellen Rhythmus. Bei einer zweiten Berührung durch die Spielleitung beendet das Kind das Klopfen. So kann die Spielleitung das Geräusch anschwellen und abklingen lassen. Die Augen der Teilnehmenden bleiben immer geschlossen. Wir lauschen dem anschwellenden und abklingenden Geräusch, das (wenn es gelingt) wie ein großer Regen klingt. Schließlich öffnen wir wieder die Augen. Was ist passiert? Wie hat es sich angehört? Was haben wir dabei empfunden?
Besonderes:	Damit das Lauschen zu einem Aha-Erlebnis werden kann, darf die Spielleitung den Namen des Spiels erst am Schluss verraten.
Tipps:	Die Kinder sollten bereits mit ähnlichen Spielanlagen vertraut sein. Die Steine sollten nicht zu klein sein.

3 – Der Schlüssel geht um

Ganze Klasse

Ziel: Förderung von auditiver Wahrnehmung und Konzentration sowie Entspannung und Beruhigung

Fach: Alle Fächer

Voraussetzung: Genügend Platz

Zeit: 5 bis 10 Minuten

Material: Geräuschvolle (Schlüsselbund) und/oder geräuschlose (Radiergummi) Gegenstände

Vorbereitung: Die Kinder bilden sitzend einen Kreis, halten die Augen geschlossen und evtl. die Köpfe auf den Knien.

Durchführung: Ein Kind, das bestimmt wurde, geht lautlos mehrmals um den Kreis herum und legt einen Schlüsselbund hinter einem Kind hin. Wenn das betreffende Kind etwas gehört hat, schaut es sich um und kontrolliert. Es nimmt den Schlüsselbund auf und dreht nun die nächsten Runden. Hat es nichts gehört, nimmt das herumgehende Kind bei der nächsten Runde den Schlüsselbund wieder auf und legt ihn später hinter einem anderen Kind hin. Wer sich umdreht, ohne dass der Schlüsselbund tatsächlich hinter ihm liegt, scheidet aus und löst eine Zusatzaufgabe (z. B. je eine Minute auf einem Bein stehen, mit Tüchern jonglieren etc.). Das Spiel kann so lange gespielt werden, bis alle einmal dran waren bzw. bis alle ausgeschieden sind.

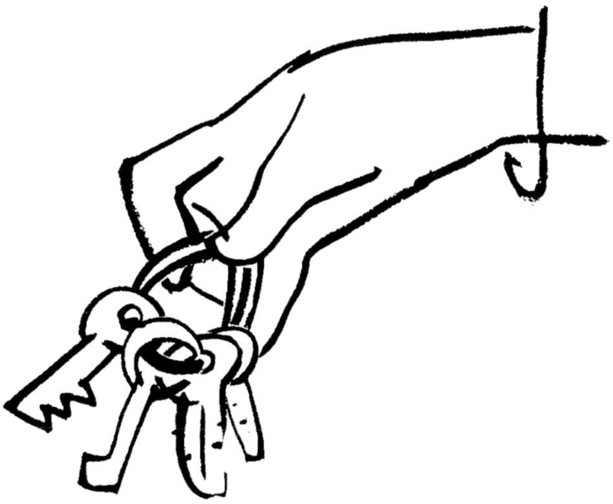

Besonderes: Es ist schwierig, einen Schlüsselbund geräuschlos hinzulegen. Varianten: Steigern (z. B. Bleistift) bis hin zu einem Gegenstand, der beim Hinlegen kaum zu hören ist (z. B. Radiergummi).

Tipp: Es darf nicht gerannt werden.

4 – Haus mit Umgebung

Partnerarbeit

Ziel: Beruhigung und Förderung von Konzentration sowie nonverbaler Kommunikation und partnerschaftlichem Verhalten

Fach: Alle Fächer

Zeit: 5 Minuten

Material: Papier, Bleistift, Klebeband

Vorbereitung: Die Kinder setzen sich paarweise an einem Pult gegenüber. In der Mitte auf dem Pult befestigen sie ein Blatt Papier mit Klebeband. Daneben legen sie einen Bleistift.

Durchführung: Ab jetzt darf nicht mehr gesprochen werden. Die Kinder nehmen nun zu zweit den Bleistift in die Hand. Beide sollten ihn so halten können, dass es einigermaßen bequem ist. Auftrag: Gemeinsam ein Haus mit Umgebung zeichnen. Welche Art von Haus und welche Art von Umgebung werden sich dann zeigen. Bedingungen: Niemand darf sprechen und niemand darf den Bleistift loslassen.

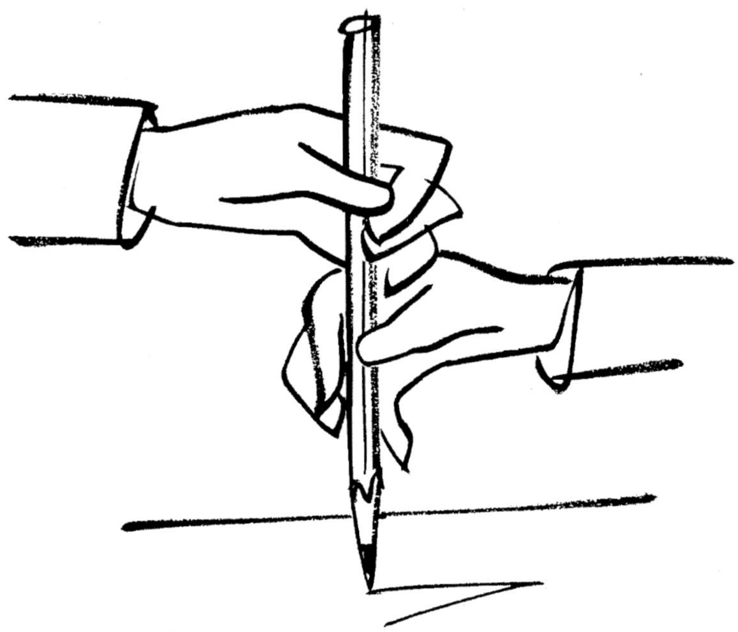

Besonderes: Das Spiel eignet sich gut, um eine Klasse zur Ruhe zu bringen. Die Kinder müssen sich aufeinander konzentrieren, müssen aufeinander eingehen, vor- und nachgeben, sich mit nonverbaler Kommunikation verständigen und sich auf ein Ergebnis konzentrieren.

Tipps: Vor dem Spiel sollten sich die Kinder bewegen, aufstehen, umhergehen. Anschließend muss absolute Ruhe herrschen.
Die Gruppenzusammensetzung beachten und problematische Zweiergruppen vermeiden.

5 – Balance

Einzelarbeit/Gruppenarbeit

Ziel:	Förderung von Körperspannung, Koordination, Balance, Geschicklichkeit und Kraft
Fach:	Alle Fächer
Voraussetzung:	Genügend Platz
Zeit:	5 Minuten
Material:	Keines
Vorbereitung:	Die Kinder stehen hinter ihrem Stuhl. Die Lehrperson erteilt die Anweisungen.
Durchführung:	Die Augen schließen und versuchen, sich möglichst nicht zu bewegen. Nach einer gewissen Zeit die Augen wieder öffnen. Das Gewicht auf die Zehenspitzen verlagern, die Augen schließen, insgesamt dreimal auf- und abwippen. Auf einem Bein stehen, anschließend die Augen schließen. Ziel: Balance halten. Anschließend Seitenwechsel. Gewicht auf einen Fuß verlagern, anschließend auf diesem Fuß auf die Zehenspitzen stehen, Augen öffnen. Seitenwechsel. Auf einem Bein stehen. Mit der Hand die angehobene Fußspitze berühren. Ein Bein anheben und sich mit dem Oberkörper nach vorne beugen. Die Hände berühren sich hinter dem Rücken. Anschließend die Hände unter dem angehobenen Bein zusammenführen. Schließlich berühren sich die Hände hinter dem Oberschenkel des Standbeines. Die Kinder stehen jeweils zu zweit Rücken an Rücken. Sie haken dann die Arme zusammen und versuchen, so aufzustehen. Die Kinder bilden Gruppen (6 bis 10 Kinder) und versuchen das Gleiche gemeinsam.
Besonderes:	Wenn die Kinder die Abläufe kennen, kann die Führung auch ohne Worte sein, vielleicht mit leiser Musik im Hintergrund.
Tipps:	Die Lehrperson sollte, wenn möglich, selbst mitmachen. Beide Körperhälften gleichermaßen berücksichtigen.

6 – Rückenzeichnen

Partnerarbeit/Gruppenarbeit

Ziel: Beruhigung, Schulung von Wahrnehmung und Konzentration

Fach: Alle Fächer

Zeit: 10 Minuten

Material: Papier, Schreibzeug

Durchführung: Partnerarbeit:
Ein Kind zeichnet einem anderen Kind mit dem Finger eine einfache Figur auf den Rücken. Das zweite Kind zeichnet anschließend das Wahrgenommene auf ein Blatt Papier.
Variante: Gleichzeitig Rückenzeichnung und Blattzeichnung.

Gruppenarbeit:
Die Klasse wird in zwei Gruppen aufgeteilt. Die Kinder stellen sich in zwei Reihen zur Wandtafel. Die Lehrperson zeichnet der hintersten Person der Gruppe eine einfache Figur auf den Rücken. Diese Person gibt die Zeichnung nach vorne weiter. Die vorderste Person zeichnet das Wahrgenommene an die Wandtafel. Ziel: möglichst exakte Umsetzung (ohne Zeitmessung).

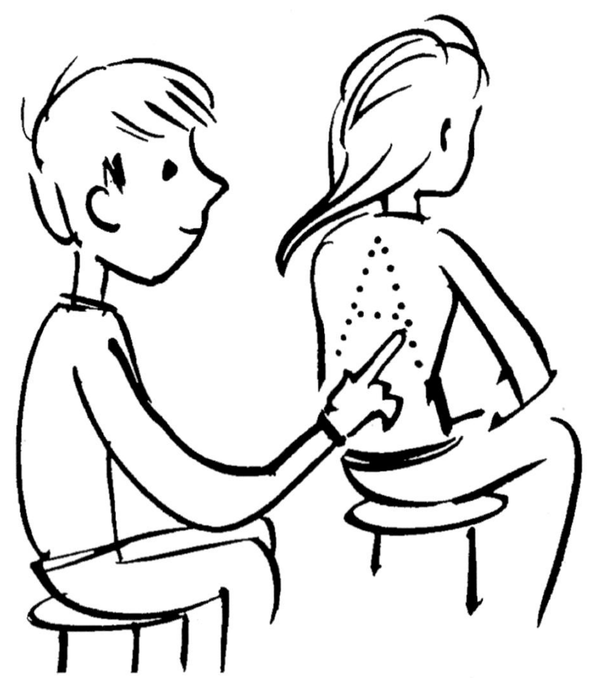

Besonderes: Dieses Spiel eignet sich auch zum Buchstabentraining oder für einfache Rechnungen.

Das Spiel kann auch mit Musik durchgeführt werden.

Tipp: Durchführung Gruppenarbeit: Augen schließen.

7 – Das 30-Sekunden-Spiel

Ganze Klasse

Ziel: Unterbrechung, Bewegung

Fach: Alle Fächer

Voraussetzung: Genügend Platz

Zeit: 5 Minuten

Material: Uhr

Vorbereitung: Platz schaffen, evtl. die Stühle auf die Tische stellen.

Durchführung: Die Lehrperson erklärt das Prinzip des 30-Sekunden-Spiels: Still stehen, dann folgt der Auftrag, was in den nächsten 30 Sekunden zu tun ist, dann das Kommando „Los“, dann das Kommando „Stopp“, dann wieder still stehen, nächster Auftrag etc.

Beispiele:

- 30 Sekunden am Ort joggen.
- 30 Sekunden die Bewegungen des Banknachbars nachahmen.
- 30 Sekunden im Klassenzimmer umhergehen; wenn man jemanden begegnet, verbeugt man sich.
- 30 Sekunden möglichst viele Füße anfassen.
- 30 Sekunden wie eine Katze schleichen.

Besonderes: Das Spiel lässt sich gut variieren und in jedem Fach einsetzen. Beispiel Mathematik: 30 Sekunden lang gegenseitig Aufgaben aus dem kleinen Einmaleins geben.
Beispiel Deutsch: 30 Sekunden lang Verben konjugieren.

Tipps: Es empfiehlt sich, am Anfang der Sequenz eher anregende Aufgaben zu erteilen und am Schluss eher beruhigende.
Wettbewerbsformen einbauen. Beispiel: Wer kann in 30 Sekunden am meisten Füße berühren?

8 – Konzentrationskette

Ganze Klasse / Gruppenarbeit

Ziel: Aufmerksamkeit steigern, Sinne schärfen in Kombination mit gezielten Bewegungen: Förderung von Kreativität und vernetztem Denken

Fach: Alle Fächer

Voraussetzung: Diese Übung verlangt ein hohes Maß an Konzentration. Es ist daher ratsam, mit zwei vorbereitenden Spielvariationen zu beginnen: a) „Die Geräuschekette“ und b) „Die Bewegungskette“.

Zeit: 10 bis 15 Minuten

Material: Keines

Vorbereitung: Die Kinder stellen sich in einem Kreis auf.

Durchführung: Das erste Kind führt eine Bewegung vor, z. B. Kopfnicken, verbunden mit einem Geräusch, z. B. Händeklatschen. Das nächste wiederholt das Kopfnicken und Händeklatschen und hängt eine neue Kombination von Bewegung und Geräusch an (z. B. auf einem Bein stehend pfeifen). Jedes weitere Kind im Kreis ahmt alle vorangehenden Kombinationen nach und fügt eine neue hinzu. So entsteht allmählich eine Konzentrationskette. Wer eine Kombination vergisst, scheidet aus.

Besonderes: Die Tierwelt gibt viele Vorbilder für solche Kombinationsleistungen: Der Elefant stampft und trompetet lauthals, der Vogel pfeift auf einem Bein stehend ein Lied und der hüpfende Frosch quakt.

Tipp: Je kleiner die Kinder, desto kürzer die Kette.

9 – Einmal hin und zurück

Ganze Klasse

Ziel: Bewegung und Spaß sowie Förderung des Erinnerungsvermögens

Fach: Alle Fächer

Voraussetzung: Genügend Platz

Zeit: 5 bis 10 Minuten

Material: CD mit geeigneter (ruhiger oder lebhafter) Musik

Vorbereitung: CD im CD-Player bereithalten. Evtl. Tür öffnen, um den Raum zu erweitern.

Durchführung: Ziel ist es, einen willkürlichen Weg durchs Zimmer zu gehen und den genau gleichen Weg wieder zurück. Möglich wird dies, indem sich die Kinder die verschiedenen Stationen ihres Weges merken, die sie nachher in der umgekehrten Reihenfolge wieder passieren. Tipp: An jeder Station einen bestimmten Gegenstand speichern.

Ablauf: Die Kinder stehen hinter ihrem Stuhl, dies ist die erste Station. Die Musik beginnt. Jedes Kind geht nun seinen Weg, bis die Musik stoppt; jetzt stehen die Kinder an ihrer zweiten Station. Die Musik läuft weiter, die Kinder gehen ihren Weg fort, bis die Musik wieder stoppt (3. Station) etc. Bei der erstmaligen Durchführung nicht mehr als fünf Stationen einbauen.

Rückweg: Auf ein vereinbartes Signal die Musik durchgehend laufen lassen. Die Kinder gehen nun rückwärts wieder an allen Stationen vorbei bis zum Ausgangspunkt.

Besonderes: Die Übung lässt sich leicht an die Situation der Klasse (Altersstufe, Stimmung etc.) anpassen.

Tipp: Auf gute Durchlüftung achten (Fenster öffnen).

10 – Was ist das?

Gruppenarbeit

Ziel: Auflockerung durch Bewegung und gleichzeitige Konzentration

Fach: Alle Fächer

Voraussetzung: Genügend Platz

Zeit: 5 bis 10 Minuten

Material: Zwei Gegenstände (z. B. ein Buch und ein Schwamm)

Vorbereitung: Die Kinder bilden sitzend einen Kreis. Zwei Gegenstände liegen bereit.

Durchführung: Das Prinzip:
Die Lehrperson reicht dem Kind rechts von ihr einen Gegenstand (Buch) und sagt: „Das ist ein Buch." Dem Kind links gibt sie einen anderen Gegenstand (Schwamm) und benennt ihn: „Das ist ein Schwamm." Diejenigen Kinder, die einen Gegenstand erhalten haben, müssen zurückfragen: „Was ist das?" Die Lehrperson beantwortet dem jeweiligen Kind die Frage. Anschließend geben die Kinder den Gegenstand weiter nach rechts bzw. nach links und benennen ihn, so wie es die Lehrperson zuvor getan hat. Die Kinder, die den Gegenstand als letztes erhalten haben, fragen ebenso: „Was ist das?" Diese Frage muss an die Lehrperson weitergeleitet werden („Was ist das?", „Was ist das?", „Was ist das?" etc."). Deren Antwort wird dann wieder von Kind zu Kind weitergeleitet („Das ist ein Buch.", „Das ist ein Buch.", „Das ist ein Buch." etc.), bis sie beim Gegenstand angelangt ist. Erst dann wird der Gegenstand weitergereicht und die Fragerei geht weiter.

Mit Bewegung:
Jedes Mal, wenn ein Kind eine Frage oder eine Antwort weiterleitet, muss es kurz aufstehen und sich anschließend wieder setzen.

Besonderes: Das Weitersagen kann mit dem Echo verglichen werden.

Gruppe auf maximal 14 Personen beschränken.

Tipp: Die Stelle des fragenden Ausgangspunktes kann mit der Zeit auch von einem Kind besetzt werden.

11 – Stummes Orchester

Ganze Klasse

Ziel: Bewegung, Abwechslung, Spaß und gleichzeitige Konzentration

Fach: Musik, alle Fächer

Voraussetzung: Kenntnisse über verschiedene Musikinstrumente

Zeit: 5 bis 10 Minuten

Material: Keines

Vorbereitung: Die Schülerinnen und Schüler bilden stehend einen Kreis. Eine ausgewählte Person muss den Raum verlassen.

Durchführung: Eine Person wird als Orchesterdirigentin oder -dirigent bestimmt. Sie zeigt pantomimisch Gesten vor, als würde sie ein bestimmtes Instrument spielen. Alle Bewegungen, die vom Dirigenten gezeigt werden, müssen vom Orchester imitiert werden. Dabei ist es wichtig, dass die Orchestermusiker ihr Vorbild möglichst unauffällig beobachten. Der Dirigent wechselt alle paar Augenblicke das Instrument und die Orchestermusiker übernehmen permanent seine Vorgaben.

Die vor der Türe wartende Person wird hereingerufen und erhält nun die Aufgabe herauszufinden, wer der Dirigent ist. Die Anzahl Rateversuche muss vorab vereinbart werden.

Anschließend Rollentausch.

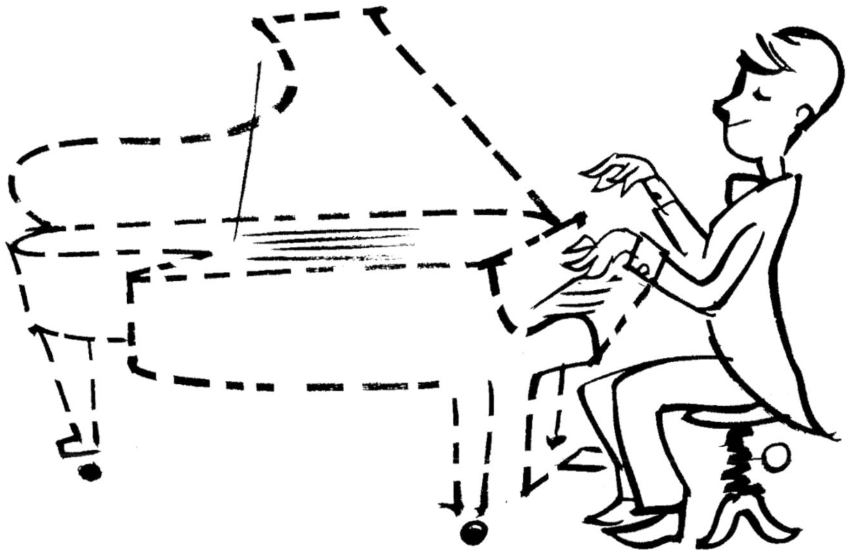

Besonderes: Instrumentenkenntnisse eignen sich die Schülerinnen und Schüler im Musikunterricht an oder sie erhalten einen Input durch Spezialistinnen oder Spezialisten unter ihnen oder durch die Lehrperson.

Tipp: Die Ratezeit begrenzen.

12 – Blinde Schatzsuche

Ganze Klasse

Ziel:	Orientierung im Raum durch Tasten und Hören, Stärkung des Vertrauens innerhalb einer Gruppe
Fach:	Alle Fächer
Voraussetzung:	Genügend Platz
Zeit:	5 bis 10 Minuten
Material:	Zwei Augenbinden, Schlüsselbund o. Ä.
Vorbereitung:	Die Kinder bilden am Boden sitzend einen großen Kreis (oder auch ein Quadrat), Durchmesser ca. sechs Meter. An einer Stelle hat es eine Lücke.
Durchführung:	Zwei Kinder stellen sich zur Verfügung, das eine als Räuber, das andere als Wächter. Beiden werden die Augen verbunden. In der Mitte des Kreises liegt ein Schatz (ein Gegenstand, der beim Transportieren Geräusche macht, z. B. Schlüsselbund, Glöcklein o. Ä.). Der Räuber hat nun die Aufgabe, mit verbundenen Augen den Schatz zu suchen. Sobald er den Schatz gefunden (ertastet) hat, muss er innerhalb von 10 Sekunden (oder je nach Klassenstufe und Größe des Kreises bis zu 30 Sekunden oder mehr) den Kreis verlassen bzw. die Lücke finden, um den Schatz in Sicherheit zu bringen. Der Wächter bewacht den Schatz, d. h. er muss ihn entweder vor dem Räuber finden oder versuchen, den Räuber zu fangen, sobald dieser mit dem Schatz flieht. Bedingung: Beide bewegen sich auf allen Vieren.

Besonderes:	Varianten: Die Personen im Kreis stehen und halten sich an den Händen oder sie bewegen sich im Kreis etc. Wichtig ist aber, dass immer eine Lücke vorhanden ist.
Tipp:	Auf Ruhe achten.

13 – Planetenwerfen

Ganze Klasse / Gruppenarbeit

Ziel: Genaues Werfen und Fangen, gleichzeitig Konzentration auf die Abfolge der Planetennamen

Fach: Alle Fächer

Voraussetzung: Genügend Platz

Zeit: 5 bis 10 Minuten

Material: Verschiedene Bälle und andere Wurfgegenstände

Vorbereitung: Die Klasse bildet stehend einen Kreis.

Durchführung: Die Lehrperson gibt dem ersten Ball den Namen Merkur und wirft ihn einem Kind zu. Dieses fängt ihn auf und wirft ihn einem weiteren Kind zu. Der Planet ist nun auf seiner fixen Umlaufbahn, d. h. diese wiederholt sich nach dem ersten Umgang in der gleichen Abfolge. Die Kinder merken sich den Ablauf. Mit der Zeit kommen parallel zum Merkur weitere Planeten dazu (Venus, Erde, Mars, Jupiter, Saturn, Uranus, Neptun). Die verschiedenen Umlaufbahnen sollten zunächst einzeln eingeübt werden und erst dann im Zusammenspiel.

Besonderes: Varianten:

Art der Wurfobjekte (verschiedene Materialien) ändern.

Tempo steigern, zusätzliche mündliche Aufgabe (den Namen des Planeten nennen, wenn man den Ball fängt)

Rollen statt werfen (Rhythmikbälle).

Zusätzliche Bewegung (man nimmt den Platz desjenigen ein, dem man den Planeten zugeworfen hat).

Tipps: Die Anzahl Stationen zur Vollendung eines Umlaufs beschränken.
Die einzelnen Umlaufbahnen sollten unabhängig voneinander eingeübt werden.

14 – Pitsch-Patsch

Ganze Klasse

Ziel: Schulung von Koordination und Bewegung sowie gleichzeitig Konzentration auf unkonventionelle Reihenfolgen

Fach: Mathematik, alle Fächer

Zeit: 5 bis 10 Minuten

Material: Keines

Vorbereitung: Die Kinder bilden auf den Stühlen sitzend einen Kreis und legen die Hände auf die Oberschenkel.

Durchführung: Das erste Kind beginnt, indem es mit der linken Hand auf den linken Oberschenkel klopft und dazu „Pitsch" sagt, dann klopft es mit der rechten Hand auf den rechten Oberschenkel und sagt „Patsch". Das benachbarte Kind zur Rechten wiederholt dieses Vorgehen, und so geht es nun der Reihe nach weiter.

Nach der ersten Runde werden die Hände um eins nach rechts verschoben. Nun liegt die rechte Hand auf dem linken Oberschenkel des Nachbarn, die linke Hand liegt auf dem eigenen rechten Oberschenkel. Auch hier geht es reihum mit den Worten „Pitsch" (linke Hand klopft), „Patsch" (rechte Hand klopft).

Schließlich wird die linke Hand um zwei nach links verschoben. Jetzt liegt die linke Hand auf dem rechten Oberschenkel des linken Nachbarn. Die rechte Hand ruht immer noch auf dem linken Oberschenkel des rechten Nachbarn.

Besonderes: Varianten: Mit geschlossenen Augen und/oder auf dem Boden sitzend.

Tipp: Anstelle der sich wiederholenden Bezeichnungen „Pitsch", „Patsch" Zahlenreihen sprechen (z. B. 7, 14, 21 …)

15 – Münzenspiel

Ganze Klasse / Einzelarbeit

Ziel: Beruhigung, Schulung der Wahrnehmung und Konzentration

Fach: Mathematik, Musik, alle Fächer

Zeit: 5 bis 10 Minuten

Material: Verschiedene Münzen, Papier, Schreibzeug

Vorbereitung: Die Kinder sitzen an ihren Plätzen und halten Papier und Schreibzeug bereit. Die Lehrperson stellt drei verschieden große Münzen vor (z. B. 50 Cent, 10 Cent oder 2 Euro). Sie lässt die Münzen mehrmals auf den Tisch fallen. Die Kinder prägen sich den Klang ein.

Durchführung: Die Kinder nummerieren auf ihrem Blatt Papier von 1 bis 10; das Spiel kann beginnen. Die Lehrperson lässt insgesamt zehnmal eine Münze fallen; die Kinder notieren sich den Wert der gefallenen Münzen.
Zum Schluss zählen sie die Werte zusammen. Die Resultate werden verglichen.

Besonderes: Die Lehrperson muss die gefallenen Münzen protokollieren.
Dieses Spiel kann ohne Aufwand kurzfristig durchgeführt werden.

Tipps: Auf absolute Ruhe achten.
Die Kinder sollen beim Hinhören die Augen schließen

16 – Händerennen

Ganze Klasse

Ziel:	Schulung von Wahrnehmung und rascher Auffassungsgabe sowie gezielter Reaktion und gleichzeitiger Konzentration
Fach:	Alle Fächer
Voraussetzung:	Genügend Platz
Zeit:	5 bis 10 Minuten
Material:	Keines
Vorbereitung:	Die Schülerinnen und Schüler bilden auf dem Boden sitzend einen Kreis.
Durchführung:	Eine Person klopft mit der Hand auf den Boden. Dieses Signal muss nun in regelmäßigem Rhythmus im Kreis herumgegeben werden. Schlägt eine Person im falschen Moment mit der Hand auf den Boden, scheidet sie aus diesem Rennen aus und muss eine spezielle Bewegungsaufgabe erfüllen (z. B. 20-mal auf einem Bein hochspringen).
Besonderes:	Varianten: Mit verwickelten Händen, d. h. jede Person legt ihre rechte Hand zwischen die Hände der rechten Nachbarin oder des rechten Nachbarn und die linke Hand zwischen die Hände der linken Nachbarin oder des linken Nachbarn. Zwischen den eigenen Händen müssen nun zwei fremde Hände liegen. Zweimal klopfen bedeutet: Richtungswechsel. Dreimal klopfen bedeutet: Die nächste Hand wird übersprungen. Mit geschlossenen Augen. Mit zwei oder mehreren Signalen gleichzeitig.
Tipps:	Zusätzliche Bewegungsaufgaben für Ausgeschiedene bereithalten. Bei großen Klassen Aufteilung in zwei oder mehrere Gruppen.

17 – Brief im Kreis

Ganze Klasse

Ziel:	Konzentration und Schulung der Wahrnehmung
Fach:	Alle Fächer
Voraussetzung:	Genügend Platz
Zeit:	5 bis 10 Minuten
Material:	Keines
Vorbereitung:	Die Kinder bilden stehend einen Kreis und fassen sich an den Händen. Ein ausgewähltes Kind stellt sich in die Mitte.
Durchführung:	Per Handdruck wird nun im Kreis ein fiktiver Brief von einem Ort losgeschickt. Das Kind in der Mitte des Kreises muss herausfinden, wo sich der Brief im Kreis befindet, während die Schülerinnen und Schüler im Kreis versuchen, den Brief möglichst unbemerkt weiterzuschicken. Wird der Standort des Briefes entdeckt, findet ein Rollentausch statt: Das Kind, das beim Handdruck erkannt wurde, wechselt nun in die Kreismitte.

Besonderes:	Werden in der gleichen Runde mehrere Briefe losgeschickt, wird das Spiel auch für ältere Kinder interessant.
Tipps:	Auf absolute Ruhe achten. Klar bezeichnen, wer die Briefe losschicken darf.

18 – Ballzirkulation

Ganze Klasse

Ziel: Gerichtete Bewegung und gleichzeitige Konzentration

Fach: Alle Fächer

Voraussetzung: Genügend Platz (Schulhausflur, im Freien)

Zeit: 5 bis 10 Minuten

Material: Softball (evtl. Tennisball)

Vorbereitung: Die Kinder bilden stehend einen Kreis.

Durchführung: Im Kreis zirkuliert ein Ball. Die Spielenden bewegen sich im Kreis in die entgegengesetzte Richtung. Ein Spielleiter oder eine Spielleiterin gibt ab und zu Kommandos: Einmal klatschen bedeutet, dass sich die Richtung des Balles ändert, zweimal Klatschen bedeutet, dass sich die Richtung des Laufens ändert.

Besonderes: Variante: Den Ball mit den Füßen weitergeben.

Tipp: Auf Ruhe achten.

19 – Tarzan im Regen

Einzelarbeit / Partnerarbeit

Ziel: Beruhigung, Förderung der Konzentration und Anregung von Körper und Geist

Fach: Alle Fächer

Zeit: 5 Minuten

Material: Keines

Vorbereitung: Die Kinder setzen sich bequem hin.

Durchführung: Die Lehrperson erzählt die Geschichte mit Pausen (…). Die Kinder führen die Bewegungen in einer Art Selbstmassage aus.

Tarzan ist im Urwald unterwegs. Langsam beginnt es, ganz leicht zu regnen (Regentropfen imitieren: mit den Fingerspitzen sanft auf die Kopfhaut und das Gesicht trommeln) … *Der Regen wird stärker* (Trommeln verstärken) … *Tarzan mag den Regen nicht. Er wird etwas ärgerlich. Er beginnt, mit beiden flachen Händen auf die Brust zu trommeln … Das gefällt ihm so gut, dass er mit dem Trommeln auf den Schultern weiterfährt, … die Arme hinab und wieder hinauf, … dann auf dem unteren Rücken, … die Beine auf der Außenseite hinunter und an der Innenseite wieder hinauf … Schließlich ist er wieder ganz gut gelaunt und trommelt sich zufrieden auf den Bauch … Jetzt, zufrieden mit sich und der Welt, fährt er mit seiner Arbeit weiter.*

Besonderes: Variante: Als Partnerarbeit mit Feedback (Ziel ist eine angenehme Erfahrung). Eventuelle Berührungsängste mit berücksichtigen.

Tipps: Der Einsatz von ruhiger Musik wirkt unterstützend.
Die Kinder sollen den Auftrag für die anschließende Weiterarbeit bereits kennen; so bleiben Ruhe und Konzentration erhalten.

20 – Hallo-wach!

Einzelarbeit / Partnerarbeit

Ziel:	Aktivierung von Körper und Geist
Fach:	Alle Fächer
Zeit:	5 bis 10 Minuten
Material:	Keines
Vorbereitung:	Die Schülerinnen und Schüler stellen sich ans offene Fenster.
Durchführung:	Die Lehrperson gibt folgende Anweisungen:

Streckt euren linken Arm seitwärts nach außen. Jetzt klopft ihr mit der rechten Hand auf den ausgestreckten linken Arm. Beginnt am unteren Ende des Arms und klopft langsam bis nach oben zum Brustkorb. Dort wechselt ihr die Hand und macht das Umgekehrte mit der linken Hand. Damit alle Körperteile richtig wach werden, klopft ihr mit beiden Händen die Vorderseite des Körpers ab, von der Brust bis zu den Füßen. Danach geht es auf der Rückseite wieder hoch bis hin zum Po.

Einzelne Teile mehrmals wiederholen. Ziel: Die Haut sollte am Schluss kribbeln; eventuell beim nächsten Durchgang etwas fester klopfen.

Zum Abschluss: Die Schülerinnen und Schüler stellen sich in einer Reihe auf und klopfen sich gegenseitig den Rücken ab (die Lehrperson als letztes). Zum Schluss schreibt die Lehrperson einen Buchstaben oder eine Zahl auf den Rücken der vor ihr stehenden Person.
Die Zahl bzw. der Buchstabe wird bis zur vordersten Person geleitet. Dazu schließen die Schülerinnen und Schüler die Augen.

Besonderes:	Berührungen thematisieren, bevor sie ausgeführt werden.
Tipp:	Fenster öffnen, auf gute Durchlüftung achten.

21 – Luftballonspiel

Ganze Klasse

Ziel:	Förderung von Bewegungskoordination und Geschicklichkeit sowie Kreativität
Fach:	Alle Fächer
Voraussetzung:	Genügend Platz
Zeit:	10 bis 15 Minuten
Material:	Genügend Luftballons
Vorbereitung:	Die Luftballons aufblasen und zuknoten.
Durchführung:	Zunächst experimentieren die Kinder selbstständig: Den Luftballon antippen und in der Luft halten. Abwechselnd rechten und linken Arm benutzen. Alle Luftballons wirbeln durcheinander. Keiner darf den Boden berühren. Die Kinder achten zu Beginn auf ihren eigenen Ballon, mit der Zeit auch auf andere Ballons in ihrer Nähe. Zwei Kinder stellen sich gegenüber und stoßen einen Luftballon hin und her. Steigerung: Mit zwei Ballons. Die Luftballons werden mit verschiedenen Körperteilen bewegt: Fingerspitzen, Knie, Füße, Gesäß, Kopf etc. Alle diese Variationen können auch zu einem vorgegebenen Rhythmus ausgeführt werden.
Besonderes:	Ballon treten (Übung für Kinder, die eine aggressive Phase haben): Das „Zertreten“ eines Ballons fordert Geschick und Energie. Die Zerstörungswut wird in diesem Rahmen respektiert, weil sie einen friedlichen Neuanfang ermöglicht.
Tipp:	Klare Regeln aufstellen (z. B. kein beabsichtigtes Zerstechen eines Ballons).

22 – Zahlenreihen

Ganze Klasse

Ziel: Schulung von Wahrnehmung und Konzentration

Fach: Mathematik, alle Fächer

Voraussetzung: Genügend Platz

Zeit: 5 Minuten

Material: Keines

Vorbereitung: Die Kinder verteilen sich im Raum und legen sich auf den Boden. Sie halten die Augen geschlossen.

Durchführung: Ein Kind beginnt zu zählen („eins"). Ein anderes Kind fährt fort („zwei") etc. Es darf vorher keine Reihenfolge bestimmt werden. Wenn zwei Kinder gleichzeitig sprechen, hat die Klasse einen Punkt weniger; ab jetzt müssen sich alle auf die Stühle setzen.

Das Zählen fängt wieder von vorne an. Wenn erneut zwei Kinder gleichzeitig sprechen, stehen alle auf. Jetzt hat die Klasse noch eine letzte Möglichkeit. Welches ist die größte erreichte Zahl?

Besonderes: Varianten:

Das Spiel kann auch mit Zahlen einer Reihe aus dem Einmaleins durchgeführt werden (z. B. 7, 14, 21 …)

Die Stationen vom Liegen bis zum Stehen können erweitert werden.

Die Anzahl, wie oft jedes Kind an die Reihe kommt, wird vorab festgelegt.

Tipp: Darauf achten, dass die Zahlenfolgen in einem bestimmten Takt gesprochen werden.

23 – Rote Zora

Ganze Klasse

Ziel:	Wahrnehmungsschulung, genaues Beobachten sowie Umsetzung des Gesehenen in eigene Bewegungen
Fach:	Alle Fächer
Voraussetzung:	Genügend Platz
Zeit:	5 bis 10 Minuten
Material:	Keines
Vorbereitung:	Die Kinder bilden stehend einen Kreis. Ein ausgewähltes Kind muss den Raum verlassen.
Durchführung:	Ein Kind wird als Rote Zora bestimmt. Alle Bewegungen, die die Rote Zora macht, müssen von den andern Kindern imitiert werden. Dabei ist es wichtig, dass die Kinder ihr Vorbild möglichst unauffällig beobachten. Das vor der Türe wartende Kind wird hereingerufen und erhält nun die Aufgabe herauszufinden, wer die Rote Zora ist. Die Anzahl Rateversuche muss vorgängig vereinbart werden. Anschließend Rollentausch.

Besonderes:	Variante: Jeweils zwei Kinder gemeinsam oder als Konkurrenten raten lassen.
Tipp:	Die Ratezeit begrenzen.

24 – Roboter

Partnerarbeit

Ziel:	Auflockerung sowie Förderung von Konzentration und Reaktionsbereitschaft
Fach:	Alle Fächer
Voraussetzung:	Genügend Platz (Tische evtl. zur Seite stellen)
Zeit:	5 Minuten
Material:	Keines
Vorbereitung:	Die Schülerinnen und Schüler bilden Zweiergruppen.

Durchführung:

Jeweils eine der beiden Personen stellt den Roboter dar, die andere den Programmierer bzw. die Programmiererin. Der Roboter kann nur bestimmte, vorher festgelegte Funktionen ausführen. Dazu gibt ihm der Programmierer jeweils die Zeichen.

- Vorwärts gehen: zwischen den Schulterblättern antippen.
- Rechts herum: an die rechte Schulter tippen.
- Links herum: an die linke Schulter tippen.
- Stehen bleiben: Hand auf den Kopf legen.

Der Roboter wandert durch den Raum. Der Programmierer geht hinter ihm her und muss ihn mit den richtigen Befehlen an allen Hindernissen vorbeilotsen. Stößt der Roboter an einem Hindernis an, werden die Rollen getauscht.

Besonderes:	Variante: Dem Roboter die Augen verbinden.
Tipp:	Fenster öffnen.

Stephan Zopfi: Bewegte Schule! – 3./4. Klasse

25 – Äpfel pflücken

Ganze Klasse / Einzelarbeit

Ziel: Körper lockern, dehnen und strecken

Fach: Alle Fächer

Voraussetzung: Genügend Platz

Zeit: 5 Minuten

Material: Keines

Vorbereitung: Die Kinder rücken mit dem Stuhl etwas vom Tisch weg, sodass sie genügend Platz haben, um die Beine zu bewegen.

Durchführung: Die Lehrperson erzählt die Geschichte, legt Pausen ein (…) und zeigt die jeweiligen Bewegungen vor.

„Unsere Klasse geht heute zu einem Bauern, um ihm bei der Apfelernte zu helfen. Wir besteigen alle unsere Fahrräder. Los geht's, wir fahren! … Beim Bauern angekommen, verteilen wir uns. Jedes Kind hat seinen eigenen Apfelbaum, aber keine Leitern. Wir beschränken uns also auf die untersten Früchte. Wir müssen uns mächtig strecken, um sie zu erreichen … Jeder Apfel wird dann sorgfältig in den Korb gelegt, sodass er keine Druckstellen bekommt … Die untersten Früchte haben wir nun bereits gepflückt, und wir müssen uns immer weiter strecken, um an die Äpfel zu gelangen. Wir wollen schließlich den Korb voll haben und stellen uns deshalb sogar auf die Zehenspitzen, um noch höher zu kommen … Kurz bevor unser Korb voll ist, kommen plötzlich die bösen, kleinen Hunde des Nachbarn. Sie wollen an die gepflückten Äpfel ran und beißen sich sogar an unseren Hosenbeinen fest. Wir müssen sie also wieder abschütteln, was leider nicht ganz so einfach ist … Nach einer Weile geben die Hunde auf und verziehen sich wieder … Nun können wir in Ruhe weiter pflücken … Nachdem wir unsere vollen Körbe stolz dem Bauern zurückgebracht haben …, machen wir uns wieder auf den Rückweg. Wir steigen auf unsere Räder und fahren wieder zurück zur Schule …“

Bewegungen:

- Radfahren: auf dem Stuhl sitzend die Beine in die Höhe halten und treten.
- Äpfel pflücken und in den Korb legen: Die Arme und den ganzen Körper strecken, dehnen, bis hin zu den Zehenspitzen. Dazwischen in die Knie gehen.
- Hunde abschütteln: Beine schütteln.

26 – Lineal deponieren

Gruppenarbeit

Ziel:	Förderung von Feinmotorik und Teamfähigkeit sowie Aktivierung konstruktiver Kommunikation
Fach:	Alle Fächer
Voraussetzung:	Genügend Platz
Zeit:	5 Minuten
Material:	Wandtafel-Lineal (Alternative: Besenstiel)
Vorbereitung:	Jeweils 8 Kinder stellen sich in zwei Reihen einander gegenüber auf.
Durchführung:	Die Kinder halten einen Finger waagrecht nach vorne. Auf diese acht Einzelfinger legt die Lehrperson sorgfältig ein Wandtafel-Lineal. Die Kinder haben nun die Aufgabe, das Lineal gemeinsam auf dem Boden zu deponieren. Bedingung: Alle Finger bleiben am Lineal. Voraussichtlich wird das Lineal zunächst steigen statt sinken, denn jedes Kind versucht dranzubleiben. Der Besprechung in der Gruppe folgen weitere praktische Versuche, um die Aufgabe zu meistern. Die Lösung liegt im gemeinsamen, schrittweisen Absenken.

Besonderes:	Sozialkompetenzen anhand der Übung thematisieren.
Tipps:	Versuche auf zwei Bewegungspausen verteilen, eine zweite Chance geben. Keine Lösungstipps geben.

27 – Chinesischer Fußball

Ganze Klasse

Ziel:	Auflockerung durch Spaß, Förderung von Konzentration und Reaktionsfähigkeit
Fach:	Alle Fächer
Voraussetzung:	Genügend Platz (Spiel, wenn möglich, im Freien oder in einem sehr großen Raum durchführen)
Zeit:	5 bis 10 Minuten
Material:	Weiche Bälle (z. B. Soft-Volleyball oder weicher Fußball).
Vorbereitung:	Die Klasse wird in zwei Gruppen aufgeteilt. Jede Gruppe bildet für sich einen Kreis. Die Kinder halten die Beine breit gespreizt, die Füße berühren jeweils die benachbarten Füße.
Durchführung:	Jede Gruppe erhält einen Ball. Ziel ist es, den Ball mit den Händen zwischen den Beinen eines anderen Kindes durchzurollen und gleichzeitig selbst Bälle abzuwehren. Die Füße dürfen nicht bewegt werden. Schlüpft ein Ball dennoch durch die Beine eines Kindes, so muss sich dieses umdrehen, sodass der Kopf nicht mehr zur Kreismitte hin gerichtet ist, und muss so weiterspielen. Beim zweiten verlorenen Ball scheidet es aus und erhält eine andere Aufgabe.
Besonderes:	Varianten: Die ganze Klasse bildet gemeinsam einen Kreis. Von den ausgeschiedenen Kindern kann jeweils eines in die Mitte des Kreises kommen und versuchen, den Ball abzufangen. Gelingt dies, so darf es wieder im Kreis mitspielen. Als Steigerungsform mit mehreren Bällen spielen.
Tipps:	Darauf achten, dass der Ball gerollt und nicht geworfen wird. Zusätzliche Bewegungsaufgabe für jene Kinder, die ausscheiden, bereithalten.

28 – Farbenstaffel

Gruppenarbeit

Ziel:	Verbesserung der Konzentration durch Auflockerung und Bewegung
Fach:	Alle Fächer
Voraussetzung:	Genügend Platz (evtl. Spiel im Freien durchführen)
Zeit:	5 bis 10 Minuten
Material:	Farbige Kärtchen (rot, blau, gelb)
Vorbereitung:	Aufteilung der Klasse in drei bis vier Gruppen. Jedes Team vereinbart einen Bewegungsimpuls für jede der drei Farben (z. B. blau: dem vorderen Kind auf die Schulter klopfen, rot: etwas auf den Rücken zeichnen, gelb: den Kopf berühren). Die Gruppen stellen sich jeweils in einer Reihe auf; das vorderste Kind jeder Gruppe schaut zur Lehrperson, die anderen Kinder der Gruppe in die entgegengesetzte Richtung. Die Kinder, die die Reihe beenden, legen drei Farbenkarten (rot, blau und gelb) vor sich auf den Boden.
Durchführung:	Die Lehrperson zeigt jeweils den vordersten Gruppenmitgliedern eine Farbe. Mithilfe des Farbcodes muss die Information möglichst schnell weitergeleitet werden. Das letzte Kind muss den Impuls richtig deuten und das entsprechende Kärtchen in die Luft halten. Anschließend Positionswechsel
Besonderes:	Varianten: Mehr als nur drei Farben, Kärtchen mit Bildern von Gegenständen, Wortkärtchen
Tipp:	Auf absolute Ruhe achten.

29 – Bleistifttanz

Partnerarbeit

Ziel: Gezielte Bewegungen und Schulung der Feinmotorik sowie Übung im partnerschaftlichen Verhalten

Fach: Alle Fächer

Zeit: 5 Minuten

Material: Keines

Vorbereitung: Die Kinder bilden Zweiergruppen und verteilen sich im Raum.

Durchführung: Die Kinder stehen sich paarweise gegenüber. Sie strecken beide Zeigefinger nach vorne und klemmen je einen Farbstift dazwischen. Nun bewegen sie sich im Raum, ohne den Stift zu verlieren. Die Kinder versuchen, auch ausgefallene Positionen einzunehmen: in die Hocke gehen, sich strecken, sich setzen, sich drehen etc.

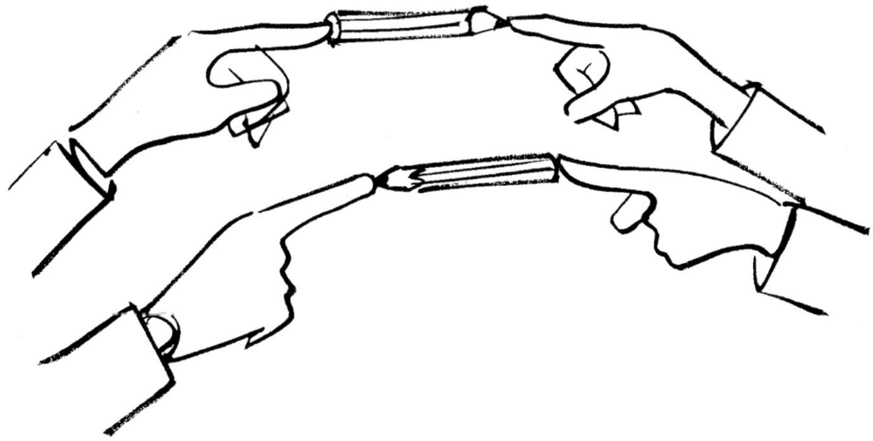

Besonderes: Varianten:

Durchführung mit Ringfinger bzw. kleinem Finger.

Durchführung, ohne zu sprechen.

Tipp: Je nach Aktivität Zusatzregeln bestimmen (z. B.: Alle müssen mindestens einmal mit dem Gesäß den Boden berühren; Bewegung in Zeitlupe etc.).

30 – Hände suchen

Ganze Klasse

Ziel:	Förderung von Raumerfahrung, Gruppenkontakt und Vertrauen
Fach:	Alle Fächer
Voraussetzung:	Genügend Platz
Zeit:	5 Minuten
Material:	Keines

Durchführung:

Die Klasse bildet stehend einen engen Kreis. Die Kinder legen nun auf Kopfhöhe ihre Handflächen an diejenigen der beiden benachbarten Kinder. Die Kinder schließen die Augen und zählen gemeinsam wiederholt auf vier.

Dazu führen sie folgende Bewegungen aus:
Bei 1: Hände herunternehmen, Drehung um sich selbst.
Bei 2: mit beiden Händen auf den Boden klatschen.
Bei 3: Hände über dem Kopf zusammenschlagen.
Bei 4: zu den Handflächen der beiden Nachbarn zurückfinden.

Besonderes:	Beginn langsam, Ablauf zunächst in Zweiergruppen üben.
Tipp:	Auf Ruhe achten.

ANREGUNG

31 – Schmugglerspiel

Gruppenarbeit

Ziel:	Aktivierung, Bewegung, Schulung der Wahrnehmung und Stärkung des Gruppengefühls
Fach:	Alle Fächer
Voraussetzung:	Genügend Platz
Zeit:	5 bis 10 Minuten
Material:	Geeignete Schmuggelgegenstände (Glücksstein, Zauberring o. Ä.)
Vorbereitung:	Die Kinder verteilen sich im Raum. Zwei Kinder werden als Detektive bestimmt; sie verlassen für kurze Zeit den Raum.
Durchführung:	Die Kinder bewegen sich frei im Raum. Sobald die Schmuggelware im Umlauf ist, können die Detektive das Schulzimmer wieder betreten. Die Schmuggelgegenstände werden von Hand zu Hand weitergegeben. Man darf den Gegenstand höchstens 5 Sekunden in der Hand halten, dann muss er weitergegeben werden. Ziel der Detektive ist es, die Schmuggelware zu finden. Wenn sie einen Verdacht haben, rufen sie den Namen des Verdächtigen auf. Dieser hat dann beide Hände zu zeigen. Das Spiel ist fertig, wenn die Detektive die Gegenstände gefunden haben. Eine Übergabe darf auch simuliert werden, ohne dass man einen Gegenstand in der Hand hat.
Besonderes:	Schmuggelgegenstände und Anzahl der Detektive können je nach Klassengröße variiert werden.
Tipp:	Die Kinder können Gespräche führen und damit die Detektive ablenken.

32 – Plätze tauschen

Ganze Klasse / Gruppenarbeit

Ziel: Schulung von Wahrnehmung und Reaktionsfähigkeit

Fach: Alle Fächer

Voraussetzung: Genügend Platz

Zeit: 5 bis 10 Minuten

Material: Zettel mit Zahlen von 1 bis … (Anzahl Kinder)

Vorbereitung: Die Kinder bilden stehend einen Kreis. Ein ausgewähltes Kind steht in der Mitte. Die Kinder im Kreis erhalten einen Zettel (Zahlen von 1 bis Anzahl Kinder). Die Kinder merken sich ihre Zahl und legen den Zettel weg.

Durchführung: Das Kind im Kreis nennt zwei beliebige Zahlen aus der möglichen Menge. Die beiden Kinder, die angesprochen sind, versuchen nun möglichst unauffällig, sich durch Blicke zu finden, sodass es das Kind in der Mitte nicht merkt. Haben sie sich mit den Augen gefunden, wechseln sie rasch die Plätze. Das Kind in der Mitte versucht, sich einen der frei gewordenen Plätze zu ergattern. Gelingt ihm dies, darf es dort bleiben, und das Kind ohne Platz bleibt in der Mitte. Die Zettel werden dann neu verteilt und das Spiel kann von vorne beginnen.

Besonderes: Variante:
Anstelle der Zahlen können auch Kopfrechnungen oder Begriffe (Nomen) verwendet werden. Dazu muss die Liste möglicher Begriffe aber sichtbar festgehalten sein, damit das Kind in der Mitte weiß, welche Begriffe es aufrufen kann.

Tipp: Je nach Klassengröße mit der halben Klasse oder in Gruppen spielen, damit möglichst viele Kinder in Bewegung sind.

33 – Das fliegende Tuch

Ganze Klasse

Ziel: Wahrnehmung von Abläufen unter Einbezug bestimmter Körperteile

Fach: Sport, Musik, alle Fächer

Voraussetzung: Genügend Platz

Zeit: 5 bis 10 Minuten

Material: Jongliertücher

Vorbereitung: Die Schülerinnen und Schüler bilden auf den Stühlen sitzend einen großen Kreis. Alle haben vor sich ein Jongliertuch.

Durchführung: Erste Runde: Das Tuch mit den Füßen auseinanderfalten. Das Tuch mit einer Hand ergreifen und aufstehen. Das Tuch in die Höhe werfen: Ideen ausprobieren (hoch hinaufwerfen, als Knäuel aufwerfen, mit Blasen nachhelfen).

Zweite Runde: Auf verschiedene Arten fangen. Beobachtungen, wie sich das Tuch in der Luft verhält.

Weitere Übungen:

- Tuch hochwerfen, sich einmal um 360° drehen und mit den Händen Tuch wieder fangen.
- Tuch mit dem Kopf fangen.
- Tuch mit der rechten/linken Schulter fangen.
- Tuch mit dem Rücken fangen.
- Tuch mit dem rechten/linken Knie fangen.
- Tuch mit dem rechten/linken Fuß fangen.
- Tuch mit dem rechten Fuß hochwerfen und dem linken Fuß fangen, hin und her spielen.
- Zu zweit gegenseitig das Tuch zukicken.

Besonderes: Variante: Mit Begleitmusik in einem bestimmten Rhythmus.

34 – Pferderennen

Ganze Klasse

Ziel: Bewegung, Auflockerung, Steigerung von Reaktionsfähigkeit und Konzentration

Fach: Alle Fächer

Voraussetzung: Genügend Platz

Zeit: 5 Minuten

Material: Keines

Vorbereitung: Die Kinder bilden einen Kreis, stehend und leicht in der Hocke.

Durchführung: Die Lehrperson oder ein Kind kommentiert das Pferderennen und zeigt die Bewegungen vor. Grundbewegung: mit den Händen auf die Oberschenkel trommeln.

Die Pferde begeben sich langsam an den Start (langsam mit den Händen auf die Oberschenkel schlagen).
Sie warten. Jetzt beginnt das Rennen …

Verschiedene Hindernisse:

- *Hürde* (hochspringen)
- *Doppelhürde* (zweimal hochspringen)
- *Wassergraben* (den Finger zwischen den Lippen auf- und abbewegen, dazu „Sch“-Geräusch)
- *Holzbrücke* (mit den Fäusten auf die Brust schlagen)
- *Links- und Rechtskurve* (sich nach links oder rechts neigen)
- *Zuschauertribüne* (aufstehen, jubeln)
- *Kiosk* (Eis, Schokoriegel, Getränke anpreisen)
- *Schlussspurt* (sehr schnell auf die Beine schlagen)
- *Ziel* (jubeln)

Besonderes: Eignet sich nicht zur Beruhigung, sondern zur Anregung.

Tipp: Klare Abmachungen, welche Bewegungen wann ausgeführt werden.

ANREGUNG

35 – Kreisrennen

Ganze Klasse

Ziel: Bewegung, Erhöhung der Reaktionsfähigkeit und Spaß

Fach: Alle Fächer

Voraussetzung: Genügend Platz

Zeit: 5 bis 10 Minuten

Material: Keines

Vorbereitung: Die Kinder bilden stehend einen Kreis. Verschiedene Fortbewegungsarten werden vorab besprochen. Beispiele für Verben: auf einem Bein hüpfen, kriechen, rückwärts rennen, mit beiden Beinen gleichzeitig hüpfen, seitlich hüpfen, sich im Kreis drehend rennen etc.

Durchführung: Ein Kind rennt um den Kreis herum und stellt sich an einem beliebigen Ort zwischen zwei Kinder. Gleichzeitig ruft es ein Verb. Diese Fortbewegungsart führen die benachbarten Kinder sofort aus, indem sie sich jeweils in entgegengesetzter Richtung um den Kreis herum begeben. Wer zuerst zurück ist, darf bleiben. Der Langsamere dreht seine Runden weiter und stellt sich unverhofft zwischen zwei andere Kinder etc.

Besonderes: Das Spiel kann mit allerlei möglichen Themen kombiniert werden (z. B. Tiere: Katze, Schlange, Gorilla, Möwe …).

Tipps: Klare Regel formulieren: Alle Kinder müssen einmal berücksichtigt werden.
Keine verbale Unterstützung für die Rennenden.

ANREGUNG

36 – Verwandlung zum Monster

Partnerarbeit

Ziel: Lockerung der Muskulatur, Spielen mit Fantasie und Erinnerung, pantomimische Umsetzung

Fach: Alle Fächer

Zeit: 5 bis 10 Minuten

Material: Keines

Vorbereitung: Die Kinder bewegen sich locker und frei im Raum. Währenddessen legen sie sich in Gedanken eine Geschichte zurecht: In welches Monster möchte ich mich verwandeln und wie?

Durchführung: Zwei Kinder bilden zusammen ein Team: erzählende Person und zuhörende Person. Die Geschichte muss harmlos beginnen. Mit der Zeit beginnt die Geschichte zu wachsen, sie wird monströs. Die erzählende Person versucht, mit Körper und Stimme das Ausmaß der Geschichte darzustellen. Um den Übergang von der Realität in die Fiktion zu demonstrieren, beginnt die erzählende Person ganz klein, zusammengekauert am Boden. Mit dem Anwachsen der Geschichte wird die Figur größer, bis hin zum monströsen Einsatz von Armen und Beinen. Zum Schluss schrumpfen Geschichte und Figur und werden wieder harmlos.

Anschließend Rollenwechsel.

Tipps: Verhaltensgrenzen setzen und Regeln fixieren (z. B. Bewegungen monströs, Sprache und Lautstärke angepasst).
Beispiel einer geeigneten Monstergeschichte: Das Seeungeheuer von Loch Ness, das langsam aus der Tiefe auftaucht, den Fischen Angst macht, an die Wasseroberfläche schwimmt, den Hals aus dem Wasser streckt und schließlich ganz aus dem Wasser ragt, nach etlichen Drohgebärden wieder auf die Wasseroberfläche sinkt und langsam wieder abtaucht.

37 – Hörnchen backen

Partnerarbeit

Ziel: Auflockerung und Entspannung, Förderung der Feinmotorik und Rücksichtnahme auf die Wünsche anderer

Fach: Alle Fächer

Voraussetzung: Kenntnisse ähnlicher Spielformen, bei denen Körperkontakt eine Rolle spielt (gegenseitiges Vertrauen als Basis)

Zeit: 5 Minuten

Material: Keines

Vorbereitung: Die Kinder sprechen sich paarweise ab und verteilen die beiden Rollen: Bäckerin (Masseur bzw. Masseurin), Tisch (Massierte). Der Tisch stellt sich mit dem Rücken vor die Bäckerin.

Durchführung: Der Bäckermeister (die Lehrperson) gibt nun die Anweisungen und erklärt den Ablauf, die Kinder führen mit den Händen die Bewegungen auf dem Tisch (Rücken) aus:

Wir werden nun Hörnchen backen. Zunächst muss der Tisch geputzt werden, er ist voller Mehl. Dazu wischen wir das Mehl von gestern vom Tisch. Dann nehmen wir einen feuchten Lappen und wischen nochmals kräftig darüber. Mit einem Tuch müssen wir nun den Tisch trockenreiben. Wir nehmen jetzt frisches Mehl und schütten es großzügig auf den Tisch. An der Tischkante schlagen wir ein Ei auf. Wir legen es in die Mitte. Nun geben wir Butter, Salz, Milch und Hefe dazu. Das alles muss miteinander zu einem Teig vermengt werden. Er muss geknetet werden, bis er schön luftig ist. Der Teig wird nun geviertelt und die Teile werden ausgewallt. Dann wird jeder Teil von der einen Ecke des Tisches zur andern aufgerollt, so dass vier schöne Hörnchen entstehen. Wir legen die Hörnchen aufs Blech und streuen ein paar Sesamsamen drauf. Nun schieben wir das Blech in den Ofen.

Anschließend Rollentausch.

Besonderes: Varianten: Thema und Ablauf verändern bzw. anpassen (Pizza backen, Geburtstagskuchen).

Tipps: Fantasie der Kinder nutzen und sie als Bäckermeister einsetzen. Berührungsängste berücksichtigen.

ANREGUNG

38 – Fruchtsalat

Ganze Klasse

Ziel:	Schulung von Wahrnehmung und Aufmerksamkeit, Umsetzung von Worten in Bewegung
Fach:	Alle Fächer
Voraussetzung:	Genügend Platz
Zeit:	5 Minuten
Material:	Keines
Vorbereitung:	Die Kinder bilden ca. vier gleich große Gruppen. Jede Gruppe gibt sich den Namen einer Frucht (Apfel, Birne, Traube, Ananas, Banane, Aprikose etc.). Nun stellt sich ein Kind in die Mitte, alle anderen bilden auf den Stühlen sitzend einen Kreis.
Durchführung:	Das Kind in der Mitte des Kreises ruft den Namen einer Frucht. Alle Kinder, die angesprochen sind, tauschen so rasch als möglich ihre Plätze. Das Kind in der Mitte versucht ebenfalls, einen freien Stuhl zu besetzen. Wer keinen Stuhl erreicht, geht neu in die Kreismitte. Beim Begriff „Fruchtsalat" müssen alle Kinder die Plätze tauschen.

Besonderes:	Varianten: Ohne Stühle, dafür mit Bodenmarkierungen (am Boden sitzend oder auf einem Bein stehend). Das Spiel kann auch mit Kopfrechnungen durchgeführt werden (z. B. 3 × 3: betroffen sind alle Kinder der Gruppe 9).

ANREGUNG

39 – Eine Ente hüpft ins Wasser

Ganze Klasse

Ziel:	Koordination von Bewegungsabläufen
Fach:	Alle Fächer
Voraussetzung:	Genügend Platz
Zeit:	5 bis 10 Minuten
Material:	Keines

Vorbereitung: Die Kinder bilden auf den Stühlen sitzend einen Kreis. Zunächst den Grundtakt üben: patsch-klatsch (patsch: auf die Oberschenkel schlagen; klatsch: in die Hände klatschen).

Zu Beginn nur mit fortlaufendem Zählen üben. Danach wird der Vers gesprochen (Beginn mit patsch):
Eine (patsch) *Ente* (klatsch) *hüpft ins* (patsch) *Wasser* (klatsch, patsch).
Platsch.
Zwei Enten hüpfen ins Wasser. Platsch, platsch. Etc.

Durchführung: Zu Grundtakt (patsch, klatsch, patsch, klatsch …) wird die Entengeschichte gesprochen, zunächst von allen zusammen, dann Wort für Wort in der Reihenfolge der einzelnen Kinder. Konzentration auf die Reihenfolge und auf den Einsatz.

Anschließend rückwärts (z. B. zunächst eine Ente, zwei Enten, drei Enten bis zu zehn Enten, dann neun Enten bis zu eine Ente).

Besonderes: Anspruchsvollere Varianten:

- Mit geschlossenen Augen durchführen.
- Schwierigkeitsgrad des Grundrhythmus verändern (z. B.: patsch-patsch-klatsch oder nur patsch).
- Anzahl der Wörter pro Person verändern.
- Weglassen einzelner Wörter.

Tipp: Evtl. zwei Gruppen bilden.

ANREGUNG

40 – Reaktionsspiel

Ganze Klasse

Ziel:	Auflockerung, Aktivität, Förderung der Reaktionsgeschwindigkeit
Fach:	Alle Fächer
Voraussetzung:	Genügend Platz (Spiel evtl. im Freien durchführen)
Zeit:	5 bis 10 Minuten
Material:	Softball
Vorbereitung:	Die Kinder bilden stehend einen Kreis. Ein Kind steht in der Mitte des Kreises.
Durchführung:	Das Kind in der Mitte wirft einem beliebigen Kind unverhofft den Ball zu. Bevor der Ball gefangen werden darf, muss der Fänger zweimal in die Hände klatschen. Das Kind in der Mitte versucht, die anderen Kinder zu täuschen. Gelingt es dem angespielten Kind nicht, vor dem Fangen zweimal zu klatschen, so muss es die Position in der Mitte einnehmen. Dies gilt auch für Kinder, die unnötigerweise klatschen.

Tipps:	Zu Beginn einen möglichst großen Kreis bilden. Nur Rollen des Balls gestatten.

ANREGUNG

41 – Head and Shoulders, Knees and Toes

Ganze Klasse

Ziel: Aktivierung, Auflockerung, Koordination gezielter Bewegungen

Fach: Musik, Englisch, alle Fächer

Zeit: 5 Minuten

Material: Keines

Durchführung: Lied:

Die Kinder bilden stehend einen Kreis. Während des Singens werden die betreffenden Körperteile berührt:

Head:	Beide Hände fassen den Kopf an.
Shoulders:	Beide Hände fassen an die Schulter, linke Hand an die linke Schulter, rechte Hand an die rechte Schulter.
Knees:	Hände fassen an die Knie.
Toes:	Hände fassen an die Zehen.
Eyes:	Finger zeigen auf die Augen.
Ears:	Hände fassen an die Ohren.
Mouth:	Finger zeigen auf den Mund.
Nose:	Finger zeigen auf die Nase.

Besonderes: Das Lied wird das erste Mal in normalem Tempo, das zweite Mal schnell und das dritte Mal langsam gesungen.

Nach und nach einzelne Wörter weglassen, bis nur noch die Bewegungen bleiben.

Tipps: Die Begriffe auf einem Plakat mittels Zeichnungen visualisieren.
Das Lied kann auch auf Deutsch gesungen werden.

42 – Luftballontanz

Partnerarbeit

Ziel:	Auflockerung, Bewegung und Aktivierung
Fach:	Alle Fächer
Voraussetzung:	Genügend Platz
Zeit:	5 bis 10 Minuten
Material:	Luftballons
Vorbereitung:	Die benötigte Anzahl Luftballons muss vorab aufgeblasen werden.
Durchführung:	Die Kinder stellen sich zu zweit Rücken an Rücken auf und klemmen einen Luftballon so ein, dass er nicht weggleitet, aber auch nicht platzt. Die Kinder versuchen nun, sich gemeinsam so fortzubewegen. Die Kinder versuchen, gemeinsam sich auf den Boden zu setzen und wieder aufzustehen, ohne den Ballon zu verlieren. Die Kinder fassen den Ballon mit den Händen und werfen ihn sich gegenseitig zu. Fangen nach vorgegebenen Regeln (mit Händen, Füßen, Kopf etc).

Besonderes:	Vorab Regeln festlegen für den Fall, dass jemand einen Ballon zerplatzen lässt.

43 – Ohne Hände

Einzelarbeit

Ziel:	Schulung von Koordination und Geschicklichkeit
Fach:	Alle Fächer
Voraussetzung:	Genügend Platz
Zeit:	5 Minuten
Material:	Kleine Alltagsgegenstände (Filzstift, Radiergummi, Schlüsselbund, Marker etc.). Achtung: Keine spitzen oder gefährlichen Gegenstände verwenden.
Vorbereitung:	Die Kinder stehen auf und nehmen einen vorab bestimmten Gegenstand in die Hand.
Durchführung:	Die Kinder lassen den Gegenstand auf den Boden fallen. Anschließend versuchen sie, ihn aufzuheben, ohne dafür ihre Hände zu benutzen: Knie, Füße, Ellbogen, Kinn, Mund etc. sind erlaubt. Ziel: Den Gegenstand auf dem Tisch deponieren. Mehrmalige Wiederholung oder Abwechslung mit verschiedenen Gegenständen.
Besonderes:	Die Wahl des Gegenstandes dem Alter der Kinder anpassen.
Tipp:	Schwierigkeitsgrad erhöhen durch Zusatzregeln, je nach Alter und Gegenstand: Es ist nur ein Fuß gestattet, es ist nur ein Ellbogen gestattet, ohne Mund etc.

44 – Der Gordische Knoten 1

Gruppenarbeit

Ziel: Aktivierung durch Bewegung, Schulung von Beweglichkeit, Gruppenerlebnis, Schulung des räumlichen Vorstellungsvermögens

Fach: Alle Fächer

Voraussetzung: Genügend Platz (Spiel evtl. im Freien durchführen)

Zeit: 5 bis 10 Minuten

Material: Keines

Vorbereitung: Die Klasse wird in zwei Gruppen geteilt. Pro Gruppe verlässt ein Kind den Raum.

Durchführung: Die Kinder einer Gruppe stehen im Kreis und strecken ihre Hände in die Mitte. Jedes Kind greift nach zwei Händen, jedoch nicht nach denen des unmittelbaren Nachbarn. Jedes Kind muss zwei Hände unterschiedlicher Kinder fassen. Die Kinder, die den Raum verlassen haben, werden hereingebeten und haben nun die Aufgabe, den entstandenen Knoten ihrer Gruppe zu entwirren. Dazu geben sie Anweisungen. Allerdings dürfen keine Hände losgelassen werden. Ziel: Zum Schluss bilden alle einen Kreis.

Wenn die genannten Bedingungen wirklich erfüllt sind, wird sich immer ein Kreis bilden. Bei einer größeren Anzahl von Mitspielenden kann es auch vorkommen, dass zwei Kreise ineinander entstehen.

Besonderes: Varianten:

Das Spiel kann als Wettbewerb zwischen zwei Gruppen veranstaltet werden.

Verständigung ohne Worte.

45 – Der Gordische Knoten 2

Gruppenarbeit

Ziel: Aktivierung durch Bewegung, Schulung von Beweglichkeit, Gruppenerlebnis, Schulung des räumlichen Vorstellungsvermögens

Fach: Alle Fächer

Voraussetzung: Genügend Platz (Spiel evtl. im Freien durchführen)

Zeit: 5 bis 10 Minuten

Material: Keines

Vorbereitung: Die Klasse wird in zwei Gruppen geteilt. Pro Gruppe verlässt ein Kind den Raum.

Durchführung: Die Kinder einer Gruppe stehen im Kreis und geben sich die Hände. Sorgfältig beginnen sie, sich nun nach Absprache zu verknoten, d. h. jedes Kind kann sich verschieben. Bedingung: Die Hände dürfen nicht losgelassen werden. Möglichkeiten: Über die Hände von zwei anderen Kindern steigen, darunter durchschlüpfen etc.

Wenn der Knoten genügend kompliziert geworden ist, werden die Kinder, die den Raum verlassen haben, hereingebeten. Sie haben nun die Aufgabe, den entstandenen Knoten ihrer Gruppe zu entwirren. Dazu geben sie Anweisungen. Allerdings dürfen keine Hände losgelassen werden. Ziel: Zum Schluss bilden alle wieder einen Kreis.

Besonderes: Varianten:

Das Spiel kann als Wettbewerb zwischen zwei Gruppen veranstaltet werden.

Verständigung ohne Worte.

46 – Bildhauer und Modell

Partnerarbeit

Ziel: Bewegung vernachlässigter Muskelgruppen, Förderung des muskulären Gleichgewichts, Koordination, Orientierung und Konzentration

Fach: Alle Fächer

Zeit: 5 bis 10 Minuten

Material: Etui, Maßstab, Geodreieck

Vorbereitung: Die Kinder bilden Zweiergruppen. Die Rollen Bildhauer und Modell werden vereinbart.

Durchführung: Das Modell stellt sich unbeweglich hin. (Varianten: auf einem Bein stehend, auf dem Stuhl stehend, sitzend etc.) Der Bildhauer beginnt, allmählich die Position seines Modells zu verändern, es zu modellieren. Ziel ist eine Statue, die nicht aus dem Gleichgewicht fällt. Finger, Hände, Arme, Körper, Kopf werden sorgfältig und langsam in eine andere Lage bewegt, Beine gebogen oder angehoben. Das Modell soll dabei gefordert sein, immer mehr Halte- und Balancearbeit zu verrichten, ohne dabei überfordert zu werden.

Wenn die Statue vollendet ist, der Bildhauer mit seinem Werk zufrieden ist und das Modell allmählich ins Schwitzen kommt, wird ein Gegenstand (Etui, Maßstab, Geodreieck) auf den Kopf oder auf den Körper gelegt. Nun dreht sich die Statue einmal um sich selbst, ohne dass der Gegenstand herunterfällt.
Anschließend Rollenwechsel.

Besonderes: Übung mit der ganzen Klasse: Der Bildhauer hat mehrere Modelle.
Er nimmt jeweils nur eine Positionsänderung vor und geht dann weiter zum nächsten Modell (sechs bis acht Wechsel).

Tipps: Evtl. zunächst Berührungen durch ein anderes Kind thematisieren.
Zeit begrenzen.

47 – Versteckte 1-Euro-Münze

Ganze Klasse/Gruppenarbeit

Ziel:	Schulung von Wahrnehmung, Feinmotorik und Geschicklichkeit
Fach:	Alle Fächer
Zeit:	10 Minuten
Material:	1-Euro-Münze (oder anderes Geldstück)
Vorbereitung:	Gruppenbildung (6 bis 10 Personen). Die Schülerinnen und Schüler jeder Gruppe sitzen an den Tischen; die Tische sind aneinandergereiht und bilden eine geschlossene Linie. Eine Schülerin oder ein Schüler pro Gruppe stellt sich gegenüber der Reihe als beobachtende Person auf.
Durchführung:	Die Schülerinnen und Schüler halten die Hände unter den Tischen. Eine 1-Euro-Münze wird nun versteckt von Hand zu Hand gegeben, hin und zurück. Die beobachtende Person versucht, den Standort der 1-Euro-Münze zu eruieren. Wenn sie „Stopp!" ruft, bleiben die Hände ruhig. Auf Kommando „Eins!" werden am Tischrand alle Hände zu Fäusten geballt aufgereiht. Auf Kommando „Zwei!" werden die Ellbogen auf die Tischkante gestellt, die Fäuste immer noch geschlossen. Auf Kommando „Drei!" legen alle gleichzeitig die Hände flach auf den Tisch, Handfläche nach unten. Ziel: Es soll nicht sichtbar und hörbar sein, unter welcher Hand sich die Münze befindet. Nun hat die beobachtende Person die Aufgabe, die Hand zu bezeichnen, die die 1-Euro-Münze versteckt. Diese Hand wird aufgedeckt. Wenn die Münze tatsächlich dort ist, gibt das keine Strafpunkte, wenn nicht, muss die beobachtende Person weiterraten, bis die 1-Euro-Münze gefunden ist (pro falsche Hand ein Strafpunkt). Anschließend Rollentausch.
Besonderes:	Variante: Spiel in größeren Gruppen und mit zwei Münzen.
Tipp:	Auf Ruhe und Konzentration achten.

48 – Strohhalmstaffel

Gruppenarbeit

Ziel:	Förderung von Koordination, Geschicklichkeit und Teamgeist
Fach:	Alle Fächer
Voraussetzung:	Genügend Platz
Zeit:	5 Minuten
Material:	Strohhalme, Seidenpapier
Vorbereitung:	Die Kinder bilden zwei Mannschaften. Je nach Anzahl der Kinder sind auch mehrere Gruppen möglich. Aufstellung in Reihen, der Abstand zwischen den Mitspielenden soll ca. einen halben Meter betragen.
Durchführung:	Jedes Kind hat einen Strohhalm. Die jeweils ersten Spieler der Reihe halten außerdem ein Stückchen Seidenpapier in der Hand. Nach dem Startkommando saugen sie das Papier mit dem Halm an und reichen es ohne Zuhilfenahme der Hände dem benachbarten Kind weiter. Dieses muss das Papierchen mit seinem Strohhalm annehmen und es auf die gleiche Weise weitergeben. Fällt das Papier runter, muss die Mannschaft von vorne beginnen. Sieger ist die Mannschaft, in der das Papier zuerst beim letzten Spieler angelangt ist.

Besonderes:	Varianten: Mehrere Seidenpapierstücke hintereinander ins Spiel geben. Gewonnen hat die Mannschaft, die zuerst alle Stücke von einem Ende zum anderen Ende transportiert hat. Statt als Wettkampf das Seidenpapier im Kreis herumgeben.
Tipp:	Hände auf den Rücken legen.

49 – Kleiderständer

Gruppenarbeit

Ziel:	Schulung von Beweglichkeit und exaktem Werfen
Fach:	Alle Fächer
Zeit:	5 bis 10 Minuten
Material:	Kleider, Jacken, Mäntel, Pullover, evtl. Tücher
Vorbereitung:	Aufteilung in Gruppen. Jede Gruppe stellt sich einen „Kleiderständer" bereit. Zu diesem Zweck wird ein Stuhl verkehrt auf einen Tisch gestellt. Kleidungsstücke bereitlegen und eine Abwurflinie markieren.
Durchführung:	Die Gruppenmitglieder versuchen nach und nach, die Kleidungsstücke an den Kleiderständer zu werfen. Jedes Kleidungsstück, das hängenbleibt, gibt einen Punkt.

Besonderes:	Variante: Stuhlbeine mit Punktanzahl markieren (analog Zielscheibe).

50 – Schnelle Hände

Ganze Klasse / Gruppenarbeit

Ziel: Schulung von Wahrnehmung, Koordination und Konzentration

Fach: Alle Fächer

Zeit: 5 bis 10 Minuten

Material: Keines

Vorbereitung: Die Kinder bilden auf dem Boden sitzend einen Kreis (bei großen Klassen auch mehrere Kreise).

Durchführung: Die Hände liegen mit der Handfläche nach unten auf den Oberschenkeln. Dabei überkreuzen sich die Arme jeweils mit denen des Nachbarn, d h. die Spielenden haben ihre Hände auf den Oberschenkeln ihrer Nachbarn. Mittels Klatschen wird ein Impuls möglichst regelmäßig reihum gegeben, von Oberschenkel zu Oberschenkel.

Ein Kind beginnt. Er schlägt mit der rechten Hand flach auf den linken Oberschenkel des Nachbarn zu seiner Rechten. Nun muss der Übernächste mit seiner linken Hand auf den rechten Oberschenkel dieses Kindes schlagen etc.

Klatscht eine Person zweimal hintereinander, führt das zu einem Richtungswechsel.

Wer zu früh oder zu spät klatscht oder seinen Einsatz total verpasst, nimmt die entsprechende Hand aus dem Spiel. Das Spiel wird so lange gespielt, bis nur noch zwei Spieler im Spiel sind.

Besonderes: Das Spiel kann auch zu Musik oder mithilfe eines Metronoms gespielt werden.

Tipps: Zu Beginn mit einer langsamen Taktvorgabe beginnen. Zusatzaufgabe für Ausgeschiedene bereithalten.

51 – Navajo Stone

Ganze Klasse

Ziel: Schulung von Koordination, Geschicklichkeit und Taktgefühl

Fach: Alle Fächer

Voraussetzung: Genügend Platz

Zeit: 5 bis 10 Minuten

Material: Steine

Vorbereitung: Das Lied:

Durchführung: Die Kinder bilden am Boden kniend einen Kreis, die Hände liegen auf den Oberschenkeln. Jedes Kind hält einen Stein in der linken Hand.

Die Bewegungen:

Zu 1 und 2:	Mit beiden Händen auf die Oberschenkel patschen.
Zu 3:	Beide Hände vor sich auf den Boden legen.
Zu 4:	Die Hände überkreuzen und den Stein in der linken Hand loslassen.
Zu 5:	Die Hände sind wieder parallel vor dem Körper, den Stein mit der rechten Hand vom Boden aufnehmen.
Zu 6 und 7:	Mit beiden Händen auf die Oberschenkel patschen.
Zu 8:	Den Stein in die geöffnete linke Hand des rechten Nachbarn legen.

Besonderes: Die Steine so lange im Kreis herumgeben, bis jedes Kind merkt, wann es wieder seinen eigenen Stein hat.

Tipps: Am Anfang im halben Tempo üben, d. h. man klatscht nur bei jeder zweiten Zahl.
Beim Übergeben des Steins nach rechts zu der Hand schauen, in die der Stein abgegeben wird.

52 – Flaschentanz

Gruppenarbeit

Ziel: Aufmerksamkeitsspanne erhöhen, Abbau von Stress und Müdigkeit

Fach: Alle Fächer

Voraussetzung: Genügend Platz

Zeit: 5 bis 10 Minuten

Material: Pro Gruppe:
1 Glas- oder Plastikflasche
1 Kugelschreiber, befestigt an einer 50 cm langen Schnur
1 Wäscheklammer

Vorbereitung: Die Kinder bilden 3er- oder 4er-Gruppen. Ein Kind befestigt sich mittels Wäscheklammer die Schnur mit Kugelschreiber hinten am Hosenbund.

Durchführung: Die mit Kugelschreiber ausgerüsteten Kinder stellen sich in die Nähe ihrer geöffneten Flasche. Auf ein Startzeichen versuchen die Kinder, den Kugelschreiber ganz in den Flaschenhals zu balancieren. Einsatz der Hände / Arme ist nicht gestattet.

Wenn der Kugelschreiber ganz im Flaschenhals ist: Wechsel. Gruppenziel: Alle Gruppenmitglieder erfüllen die Aufgabe möglichst schnell.

Tipp: Auf ruhige Atmosphäre achten.

53 – Kärtchen lesen

Ganze Klasse

Ziel:	Anregung durch Bewegung und gleichzeitige Konzentration auf das Geschehen
Fach:	Deutsch
Voraussetzung:	Die Auftragskärtchen müssen den tatsächlichen Verhältnissen angepasst sein.
Zeit:	5 bis 10 Minuten
Material:	Auftragskärtchen (Vorlage siehe folgende Seiten)
Vorbereitung:	Jedes Kind erhält mindestens ein Auftragskärtchen.
Durchführung:	Auf einem der Kärtchen steht: „Du beginnst! Schreib an die Wandtafel: *Das Spiel beginnt!*“ Der weitere Verlauf des Spiels ist durch die Aufträge vorgegeben. Die Anweisungen auf den Kärtchen sind aufeinanderfolgend. Wichtig ist, dass die Kinder die Aufträge ganz genau gelesen haben. Das Ziel ist erreicht, wenn das Spiel ohne Hilfe der Lehrperson abläuft.
Besonderes:	Die Übung kann auch im Freien durchgeführt werden, die Kärtchen müssen jedoch angepasst werden.
Tipps:	Laminierte Kärtchen können beliebig oft eingesetzt werden. Falls die Aufträge abgeändert werden, ist zu beachten, dass spätestens der letzte Auftrag alle Kinder auffordert, sich wieder an ihre Plätze zu setzen.

Du beginnst!

Schreib an die Wandtafel:
Das Spiel beginnt!

Hat ein Kind etwas an die Tafel geschrieben?

Dann geh zum Fenster, öffne es und ruf: „Frische Luft tut gut!“

Hat jemand das Fenster geöffnet?

Dann steh auf und springe zehnmal hoch in die Luft.

Hat jemand das Fenster geöffnet?

Dann steh auf und springe zehnmal hoch in die Luft.

Hat jemand das Fenster geöffnet?

Dann steh auf und springe zehnmal hoch in die Luft.

Sind gerade drei Kinder in die Luft gesprungen?

Dann sage zu allen, dass sie sich dreimal um sich selbst drehen und dann stehen bleiben sollen.

Hast du dich gerade dreimal um dich selbst gedreht?

Dann pfeife fünfmal laut und deutlich.

Hat jemand gerade fünf Töne gepfiffen?

Dann sage allen anderen Kindern, dass sie die Arme zehnmal kreisen sollen.

Hast du gerade mit deinen Armen gekreist?

Dann steh auf und wechsle mit einer anderen Person, die aufgestanden ist, den Platz!

Hast du gerade mit deinen Armen gekreist?

Dann steh auf und wechsle mit einer anderen Person, die aufgestanden ist, den Platz!

Hast du gerade mit deinen Armen gekreist?

Dann steh auf und wechsle mit einer anderen Person, die aufgestanden ist, den Platz!

Hast du gerade mit deinen Armen gekreist?

Dann steh auf und wechsle mit einer anderen Person, die aufgestanden ist, den Platz!

Haben einige Kinder ihre Plätze getauscht?

Dann stelle dich auf den Tisch und sage zu allen anderen Kindern, sie sollen es dir nachmachen.

Stehst du gerade auf dem Tisch?

Dann sage der ganzen Klasse, dass alle Kinder fünfmal tief ein- und ausatmen sollen.

Hast du gerade tief ein- und ausgeatmet?

Dann sage den anderen Kindern, dass sie sich wieder auf den Stuhl setzen sollen.

Hast du dich soeben auf den Stuhl gesetzt?

Dann steh wieder auf, klatsche siebenmal in die Hände und setz dich wieder hin.

Hast du dich soeben auf den Stuhl gesetzt?

Dann steh wieder auf, klatsche siebenmal in die Hände und setz dich wieder hin.

Hast du dich soeben auf den Stuhl gesetzt?

Dann steh wieder auf, klatsche siebenmal in die Hände und setz dich wieder hin.

Hast du dich soeben auf den Stuhl gesetzt?

Dann steh wieder auf, klatsche siebenmal in die Hände und setz dich wieder hin.

Haben vier Kinder soeben siebenmal in die Hände geklatscht?

Dann schließe das offene Fenster.

Wurde das Fenster wieder geschlossen?

Dann steh jetzt auf und ruf zusammen mit dem anderen Kind: „Dieses Spiel macht Spaß!“

Wurde das Fenster wieder geschlossen?

Dann steh jetzt auf und ruf zusammen mit dem anderen Kind: „Dieses Spiel macht Spaß!“

Haben gerade zwei Kinder gerufen, dass ihnen dieses Spiel Spaß macht?

Dann stelle dich auf ein Bein und sage: „Wir arbeiten jetzt weiter.“

Hat jemand gerade gesagt: „Wir arbeiten jetzt weiter.“?

Dann sammle du jetzt alle Kärtchen wieder ein. Bring sie deiner Lehrerin.

Alle Übungen auf einen Blick

E Entspannung
K Konzentration
A Anregung
G Geschicklichkeit

KL Ganze Klasse
GA Gruppenarbeit
PA Partnerarbeit
EA Einzelarbeit

1	Das ruhende Meer	E				KL				S. 13	
2	Der große Regen	E				KL				S. 14	
3	Der Schlüssel geht um	E	K			KL				S. 15	
4	Haus mit Umgebung	E	K					PA		S. 16	
5	Balance	E	K				GA		EA	S. 17	
6	Rückenzeichnen	E	K				GA	PA		S. 18	
7	Das 30-Sekunden-Spiel	E		A		KL				S. 19	
8	Konzentrationskette		K			KL	GA			S. 20	
9	Einmal hin und zurück		K			KL				S. 21	
10	Was ist das?		K				GA			S. 22	
11	Stummes Orchester		K			KL				S. 23	
12	Blinde Schatzsuche		K			KL				S. 24	
13	Planetenwerfen		K			KL	GA			S. 25	
14	Pitsch-Patsch		K			KL				S. 26	
15	Münzenspiel		K			KL			EA	S. 27	
16	Händerennen		K			KL				S. 28	
17	Brief im Kreis		K			KL				S. 29	
18	Ballzirkulation		K			KL				S. 30	
19	Tarzan im Regen	E	K	A				PA	EA	S. 31	
20	Hallo-wach!		K	A				PA	EA	S. 32	
21	Luftballonspiel		K	A		KL				S. 33	analog zu 40 Klasse 1/2
22	Zahlenreihen		K	A		KL				S. 34	
23	Rote Zora		K	A		KL				S. 35	analog zu 41 Klasse 1/2
24	Roboter		K	A				PA		S. 36	
25	Äpfel pflücken		K	A		KL			EA	S. 37	
26	Lineal deponieren		K				GA			S. 38	
27	Chinesischer Fußball		K	A		KL				S. 39	
28	Farbenstaffel		K	A			GA			S. 40	
29	Bleistifttanz		K	A				PA		S. 41	analog zu 32 Klasse 1/2
30	Hände suchen		K	A	G	KL				S. 42	analog zu 33 Klasse 1/2
31	Schmugglerspiel			A			GA			S. 43	
32	Plätze tauschen			A		KL	GA			S. 44	
33	Das fliegende Tuch			A	G	KL				S. 45	analog zu 47 Klasse 1/2
34	Pferderennen			A		KL				S. 46	
35	Kreisrennen			A		KL				S. 47	
36	Verwandlung zum Monster			A				PA		S. 48	
37	Hörnchen backen	E		A				PA		S. 49	
38	Fruchtsalat			A		KL				S. 50	
39	Eine Ente hüpft ins Wasser			A		KL				S. 51	
40	Reaktionsspiel			A		KL				S. 52	
41	Head and Shoulders, Knees and Toes			A		KL				S. 53	
42	Luftballontanz			A	G			PA		S. 54	analog zu 45 Klasse 1/2
43	Ohne Hände				G				EA	S. 55	
44	Der Gordische Knoten 1			A	G		GA			S. 56	
45	Der Gordische Knoten 2			A	G		GA			S. 57	
46	Bildhauer und Modell		K		G			PA		S. 58	
47	Versteckte 1-Euro-Münze				G	KL	GA			S. 59	
48	Strohhalmstaffel				G		GA			S. 60	
49	Kleiderständer				G		GA			S. 61	
50	Schnelle Hände		K		G	KL	GA			S. 62	
51	Navajo Stone		K		G	KL				S. 63	
52	Flaschentanz		K		G		GA			S. 64	
53	Kärtchen lesen		K	A		KL				S. 65	